MW01154986

La Menora

Conociendo nuestras raíces Judeocristianas. Vol. 5

Dr. Henry Alvarez, MD., PhD., EdD

La Menora

Copyright © 2017 by Dr. Henry Alvarez, MD., PhD., EdD

All rights reserved. No part of this book may be reproduced or transmitted in any form or by any means without written permission of the author.

Reconocimiento

Este pequeño libro es una publicidad de
Ministerio: Moedim Ministries and Academic Association,
Inc.

Fundamento Bíblico en que se arraiga este ministerio

Moedim es el plural del hebreo "moed" que se usa también
para describir las siete fiestas (convocaciones, citas) bíblicas, del
Señor, enumeradas en Levíticos 23. Cada una de ellas tiene un
valor sui generis y sirven para moldear nuestro carácter cristiano
y fortalecer le fe. En orden son:

1. La Pascua = Pacto y Sacrificio
2. Panes Sin Levaduras = Consagración
3. Primeros Frutos = Creer por lo Sobrenatural
4. Shavuoth, Pentecostés = La era del E. S.
5. Trompetas = Segunda venida de Cristo
6. Día del Sacrificio = Autoexamen
7. Fiesta de los Tabernáculos = Dios morando con su Pueblo
(Se estudia la Shekina del Señor)

Cada una de estas convocaciones o citas divinas contienen
elementos que enriquecen el espíritu; producen madurez;
solidifican el liderazgo; conservan la pasión por Dios y señalan
nuestro destino. Por el hecho de celebrase cada año, tiene como
intención refrescar los corazones y dar la energía necesaria para

que en cada estación del año, se mantenga la salud espiritual, la cual es necesaria para el crecimiento y la multiplicación.

Asóciese con nosotros

Moedim Ministries and Academic Association, Inc.

"Doy gracias a mi Dios siempre que me acuerdo de vosotros. Siempre que oro, pido por todos ustedes con alegría, porque han colaborado conmigo en dar a conocer la buena noticia del evangelio de Cristo desde el momento que la escucharon por primera vez hasta ahora". Filp. 1:3-5. (NTV)

En este ministerio, Moedim Ministries and Academic Association, Inc. hemos decidido depender sólo de Dios en cuanto a la provisión para llevar a cabo nuestra visión y misión. Ser compañero de milicia en el ministerio no es una estrategia de mercado para solicitar dinero. Es más bien la fusión de visiones y de fe para avivar su vida y conducirlo a la victoria con la ayuda del Consolador.

Somos buenos administradores de cualquier obsequio. De lo que Dios provee por diferentes medios, sembramos el 10% de todas las ofrendas recibidas en otros ministerios...de esta manera cada ofrenda recibida, nunca llegara sólo a los límites de Moedim Ministries and Academic Association, Inc.,...quiere decir que las ofrendas recibidas irán mucho más allá.

Oramos constantemente por nuestros compañeros y amigos en todo el mundo. Ese es un compromiso inalienable en Moedim Ministries and Academic Association, Inc. Sumado a este compromiso espiritual, mantendremos correspondencia mensual con todos nuestros amigos. El tipo de correspondencia está diseñada para edificar las vidas en todos los aspectos. Nunca se acabaran las enseñanzas bíblicas y queremos compartir todo lo que Dios ha dado.

Si desea escribirse en nuestra lista de amigos sólo déjelo saber enviando en corto mensaje al siguiente correo electrónico (email): alv36588@oru.edu o si prefiere, también puede escribirnos al

P.O. Box 3468
McAllen, TX 78502

¡Bendiciones!

Contenido

Introducción

מְנוֹרָה **menorá**

La Menora original tiene 7 brazos

Un candelabro como este, hecho de oro puro, estuvo en el tabernáculo y templos posteriores en el lugar santo cerca del altar del incienso y la mesa del pan de la proposición. El Arco de Tito en Roma muestra a los romanos triunfantes en el 70 d.C. llevando la menora que habían sacado del segundo templo en Jerusalén.
Éxo 25:31–40, Éxo 35:14–21, Heb 9:2

Menora (מְנוֹרָה, *menorah*). El candelabro estaba ubicado del lado sur del primer aposento del tabernáculo, opuesto a la mesa del pan de la proposición. Se encendía todas las noches y se reponía el aceite cada mañana (Éxo 27:20–21; 30:8; 1 Sam 3:2).[1]

Éxo 25:31–40

31 Harás además un candelero de oro puro; labrado a martillo se hará el candelero: su pie, y su caña, sus copas, sus manzanas, y sus flores, serán de lo mismo: 32 Y saldrán seis brazos de sus lados: tres brazos del candelero de un lado suyo, y tres brazos del candelero del otro lado: 33 Tres copas en forma de almendras en un brazo, una manzana y una flor; y tres copas, figura de almendras en el otro brazo, una manzana y una flor: así pues, en los seis brazos que salen del candelero: 34 Y en el candelero cuatro copas en forma de almendras, sus manzanas y sus flores. 35 Habrá una manzana debajo de los dos brazos de lo mismo, otra manzana debajo de los otros dos brazos de lo mismo, y otra manzana debajo de los otros dos brazos de lo mismo, en conformidad a los seis brazos que salen del candelero. 36 Sus manzanas y sus brazos serán de lo mismo, todo ello una pieza labrada a martillo, de oro puro. 37 Y hacerle has siete candilejas, las cuales encenderás para que alumbren a la parte de su delantera: 38 También sus despabiladeras y sus platillos, de oro puro. 39 De un talento de oro fino lo harás, con todos estos vasos. 40 Y mira, y hazlos conforme a su modelo, que te ha sido mostrado en el monte.

Éxodo 37:17–24

---

[1] Michael Halcomb, "Menora," ed. John D. Barry and Lazarus Wentz, *Diccionario Bíblico Lexham* (Bellingham, WA: Lexham Press, 2014).

17 Hizo asimismo el candelero de oro puro, e hízolo labrado a martillo: su pie y su caña, sus copas, sus manzanas y sus flores eran de lo mismo. 18 De sus lados salían seis brazos; tres brazos de un lado del candelero, y otros tres brazos del otro lado del candelero: 19 En un brazo, tres copas figura de almendras, una manzana y una flor; y en el otro brazo tres copas figura de almendras, una manzana y una flor: y así en los seis brazos que salían del candelero. 20 Y en el candelero había cuatro copas figura de almendras, sus manzanas y sus flores: 21 Y una manzana debajo de los dos brazos de lo mismo, y otra manzana debajo de los otros dos brazos de lo mismo, y otra manzana debajo de los otros dos brazos de lo mismo, conforme a los seis brazos que salían de él. 22 Sus manzanas y sus brazos eran de lo mismo; todo era una pieza labrada á martillo, de oro puro. 23 Hizo asimismo sus siete candilejas, y sus despabiladeras, y sus platillos, de oro puro; 24 De un talento de oro puro lo hizo, con todos sus vasos.

El candelabro con sus siete brazos representan

1.-El Espíritu de Yahvé (el brazo que se encuentra en el centro),

2 y 3- Espíritu de Sabiduría y de Inteligencia (a los brazos que se encuentran a cada lado del que está en el centro repectivamente),

4 y 5- Espíritu de Consejo y Poder (a los que se ubican en el centro de cada lado repectivamente),

6 y 7-Espíritú de Conocimiento y de Temor a Yahvé (los que se encuentran a cada extremo del candelabro respectivamete)

(Isaias 11:2)

8 - Este último brazo se añadió para celebrar *Janukah* indicando que fueron 8 días que la lámpara de oro se mantuvo

3

encendida y la victoria militar de Israel contra los helenistas: un milagro doble.

Hanukah: La Fiesta de la Dedicación

Antecedentes históricos

Hanuká, o "La fiesta de la Dedicación," sobresale de entre las otras celebraciones de la Biblia. Esto se debe a que no se encuentra entre las fiestas del Señor en Levítico 23. Pero a pesar de que Moisés no habla de Hanuká, no deberíamos de asumir que no es una fiesta bíblica. Ya que como podremos ver más adelante, sí se menciona en pasajes posteriores de las Escrituras.

Para poder entender completamente esta fiesta, hay que regresar a un tiempo tumultuoso de la historia de Israel: El período helenístico, alrededor del año 167 a. C. Como solía suceder, el pueblo judío se encontraba bajo la opresión de una potencia extranjera. Unas cuantas generaciones antes, los griegos habían tomado control del mundo bajo el liderazgo extraordinario de Alejandro el Magno. Al levantar su imperio, Alejandro parecía haber unificado al mundo antiguo en un gobierno y una cultura comunes llamado el helenismo.

Después de la muerte inoportuna de Alejandro, hubo una agitación política entre sus cuatro generales, la cual dió como resultado la división del imperio helenístico. Los ptolomeos tomaron control de Sur, que incluía a Egipto. Los seléucidas se hicieron cargo del área del norte alrededor de Siria. Esto dejó a Judea atrapada entre una lucha de estira y afloja sin tener claro cuál sería el resultado. Eventualmente, los seléucidas/asirios, bajo el liderazgo de Antíoco IV, se impusieron y se dieron a la tarea de obtener control de las nuevas provincias.

Tratando de unificar sus posesiones, Antíoco implantó una política de asimilación de la cultura helenística prevalente. Sin respetar la cultura o las creencias de los pueblos capturados, los seléucidas exigían sumisión al estilo de vida griego. Los griegos pensaban que para que la asimilación fuera realmente efectiva, esta asimilación debería aplicarse a todos los aspectos de la vida, incluyendo el idioma, las artes, e inclusive la religión. Todo tenía que ser conformado al estilo de vida y a los valores griegos "superiores".

No es de sorprenderse que esta política de helenización no representara gran problema para muchos de los pueblos bajo el dominio de los seléucidas. Verdaderamente, los griegos eran sumamente respetados por su cultura. Inclusive muchos judíos en Judea se convirtieron al estilo de vida helenístico, y abogaban abiertamente por la adherencia a él. Sin embargo, había un número bastante significativo de judíos tradicionales quienes se encontraban aterrados ante los cambios en su sociedad. La hostilidad de Antíoco y de los seléucidas continúo a crecer hacia estos judíos tercos que no se convirtieron al helenismo. Por lo tanto, procedieron a tomar medidas drásticas para implementar esta política.

Se les dió un ultimátum: La comunidad judía tenía que dejar sus costumbres distintivas (el Shabbat, las leyes *cosher*, la circuncisión, etc.) o tenían que morir. Para demostrar intenciones, Antíoco entró con sus tropas a Jerusalén y deshonró el Templo Sagrado. Todo desde los altares a los utensilios, e inclusive hasta la menora fue profanado o destruido. ¡Pero aquello era solo el principio!

¡Antíoco también ordenó que se sacrificara un cerdo en el altar santo y colocó una imagen del dios griego Zeus, como el nuevo foco de adoración en el Templo! Aparte de todo eso, Antíoco se empeñó en que todos le llamaran "Epífanes" (Dios manifiesto). Aquello era suficiente para causar repulsión en cualquier judío religioso. La comunidad judía rápidamente encontró la manera de manifestar sus sentimientos al respecto. En lugar de llamarlo Antíoco Epífanes, hicieron un juego de palabras y le llamaron "epímanes" (loco).

Este ataque brutal al pueblo judío y su fe, no iba a quedarse sin respuesta por mucho tiempo. Los rumores de una rebelión se escuchaban por todo Judea y acabaron cristalizándose en una pequeña aldea llamada Modi'in. Las tropas sirias entraron en esta aldea para implementar su política de asimilación. Los soldados habían planeado edificar un altar temporal a sus dioses falsos, y forzar a la población a participar en una ceremonia religiosa, ¡cuyo clímax era comer carne de cerdo!

En esta aldea vivía un sacerdote anciano y devoto con sus cinco hijos. Su nombre era Matatías y cuando los soldados seléucidas lo escogieron para dirigir la ceremonia pagana, Matatías y sus hijos reaccionaron con indignación santa. ¡Suficiente! Mataron a los soldados, e iniciaron una rebelión en contra de los opresores. Uno de los hijos, Judá, surgió como líder y le apodaron "Macabeo" (el martillo).

Como el ejército enemigo era abrumadoramente más numeroso y con mejores recursos que el ejército de los Macabeos, estos tuvieron que recurrir a estrategias creativas. Apoyándose en sus conocimientos del terreno y empleando técnicas de guerrilla, las fuerzas judías obtuvieron un éxito sorprendente. Animados por su fuerte convicción de que el Dios de Israel era verdadero y fiel, los Macabeos mostraron que podía lograrse lo imposible. En el mes hebreo de Kislev (alrededor de Diciembre) sacaron a los asirios y retomaron el Templo en Jerusalén.

Ahora tenían por delante la seria tarea de restaurar la adoración verdadera de Dios en el Templo. El recinto del templo se encontraba arruinado, por la profanación de la idolatría Siria. Los Macabeos y sus seguidores, rápidamente limpiaron los altares y restauraron los artículos y utensilios sagrados.

La menorá rota tenía importancia particular para ellos, ya que simbolizaba la luz de Dios. La restauraron e intentaron encenderla, pero enfrentaban un problema. La tradición judía cuenta que al buscar el aceite, solo encontraron lo suficiente para un día. El aceite requería una preparación especial, y los sacerdotes necesitaban por lo menos ocho días para poder producir aceite nuevo. ¿Qué podían hacer?

Decidieron que era mejor encender la menorá a pesar de las circunstancias. Por lo menos la luz de Dios brillaría de inmediato. ¡Cuál fue su asombro al ver que el aceite no solo mantuvo la luz encendida por un día, sino por ocho días, hasta que pudieron preparar más aceite!

El Templo fue restaurado y re dedicado a la gloria del Dios de Israel. Se estableció una fiesta de ocho días, y se le llamó Hanuká (en hebreo: dedicación). Cada año, comenzando en el veinticinco de Kislev, la comunidad judía conmemora un milagro doble: el milagro del aceite, así como la victoria militar milagrosa.

Puede que algunas personas cuestionen nuestra inclusión de Hanuká con los días de fiesta "bíblicos". No se menciona junto con las fiestas de Levítico 23. Sin embargo, el *Tanaj* (El Testamento más Antiguo) revela que Hanuká es predicha claramente en escritos proféticos posteriores.

La visión del profeta Daniel tiene una descripción asombrosamente detallada de los eventos conectados con la fiesta de Hanuká. Daniel describe aquí de los reinos que vendrían a tener un impacto en Israel:

El macho cabrío es el rey de Grecia, y el cuerno grande que tiene entre los ojos es el primer rey. Los cuatro cuernos que salieron en lugar del que fue hecho pedazos simbolizan a los cuatro reinos que surgirán de esa nación, pero que no tendrán el mismo poder. (Daniel 8:21–22).

Esta es una descripción gráfica del surgimiento del imperio helenístico con su líder fuerte y central (el cuerno grande). El cuerno grande viene a ser hecho pedazos a través de la muerte prematura de Alejandro el Magno. Y sus cuatro generales (los cuatro cuernos) se reparten el reino en partes iguales. Pero Daniel nos da detalles aún más específicos:

Hacia el final de esos reinos, cuando los rebeldes lleguen al colmo de su maldad, surgirá un rey de rostro adusto, maestro de la intriga, que llegará a tener mucho poder, pero no por sí mismo. Ese rey causará impresionantes destrozos y saldrá airoso en todo lo que emprenda. Destruirá a los poderosos y al pueblo santo. Con su astucia propagará el engaño, creyéndose un ser superior. Destruirá a mucha gente que creía estar segura, y se enfrentará al Príncipe de los príncipes, pero será destruido sin la intervención humana. (Daniel 8:23–25)

De acuerdo a esta palabra recibida por Daniel, el punto focal del reino helenístico sería un líder que perseguiría al pueblo judío con un poder ajeno. Se magnificaría a sí mismo a través de sus palabras y ataques brutales, ¡tal y como Antíoco, que se llamaba a sí mismo Epífanes! Pero Dios había prometido que este rey malvado sería destruido sin la ayuda de una agencia humana.

¡La persecución fanática de los seléucidas es predicha junto con la liberación milagrosa por Dios! El milagro de Hanuká se menciona en las Escrituras Hebreas con tal detalle, que algunos estudiosos liberales sugieren que Daniel estaba escribiendo después de los acontecimientos y no proféticamente (ver los comentarios de Walvoord al respecto en *Daniel*, pág. 16 y las que le siguen). ¡Cuán importante es entender este tiempo de la historia! ¡Y cuán grande debe ser la celebración de Hanuká!

Celebración judía tradicional

Hanuká es un día de fiesta agradable con costumbres ricas en significado. Cada año, comenzando con el veinticinco de Kislev, la comunidad judía comienza sus ocho días de celebración. El foco de atención de la fiesta es la *hanukía*, la menorá de Hanuká con nueve brazos.

Menora con 9 brazos

La menorá normal, como la vemos en el símbolo moderno del estado de Israel, tiene siete brazos. Los ocho brazos de la menorá de Hanuká nos recuerdan el milagro del aceite que duró ocho días; y cada día se enciende el número apropiado de velas. Destaca entre los demás el noveno brazo (en el centro con cuatro brazos de cada lado), éste lleva la vela que se usa para encender las otras velas y se llama *shamash* ("siervo" en hebreo). La menorá se enciende después del crepúsculo, y normalmente le sigue una cena festiva.

Después de pronunciar las bendiciones, la tradición es cantar cantos festivos. Se disfruta entonces la cena, con sus platillos tradicionales. Debido al milagro del aceite, se acostumbra servir platillos fritos en aceite, como por ejemplo los *latkes* (panqueques de papa) y los *sufganiot* (buñuelos israelís). Puede que no sea lo mejor para nuestra dieta, ¡pero es una manera deliciosa de recordar el milagro de Dios en Hanuká!

Otro recuerdo del milagro de esta fiesta es el juego de *dreidels*. Estas peonzas pueden ser de plástico o de madera y llevan una letra hebrea diferente en cada uno de sus cuatro lados: *Nun, Gimel, Hey,* y *Shin* que representan la frase *Nes Gadol Hayá Sham* ("Un gran milagro ha sucedió ahí.") La historia detrás del dreídel es muy interesante.

Se cuenta que durante el período macabeo, los niños judíos de Judea, querían estudiar la Torá, pero las políticas antisemitas de los sirios, lo hacían muy difícil. Crearon una solución muy creativa: Estudiarían los rollos de la Torá en las calles. Si se aproximaba un soldado extranjero, escondían rápidamente el rollo y sacaban los *dreidels* fingiendo estar absortos en un juego de tramposo o de peonzas. Cuando se iba el soldado, ¡reanudaban el estudio de la Torá!

En la celebración moderna, se juega a los *dreidels* por diversión. Cada letra hebrea tiene su propio valor para llevar la cuenta. A los niños se les regala *gelt* (dinero) de Hanuká; que por lo general son monedas de chocolate cubiertas de papel aluminio, éstas se usan para apostar y hacer el juego más interesante.

Recientemente, la costumbre de dar regalos ha encontrado lugar en la celebración de esta gozosa fiesta. Muchas familias les dan a los niños gelt (dinero) de verdad, tal vez una moneda por cada año de edad que tengan. Estas tradiciones no tienen nada de malo, son tan solo una adaptación judía en respuesta a la costumbre navideña de obsequiar regalos.

Aunque existe una conexión litúrgica entre la Navidad y Hanuká, históricamente, éstas celebran dos eventos totalmente distintos. La primera: el nacimiento del Mesías; y la otra: la liberación de Israel de la mano de sus opresores. Cualquier otra interpretación entre las dos celebraciones, es fabricada por el hombre. Sin embargo, hay una gran cantidad de razones convincentes para que los creyentes en Yeshúa celebren Hanuká.

Hanuká en el Nuevo Testamento

> *Por esos días se celebraba en Jerusalén la fiesta de la Dedicación* (Hanuká). *Era invierno, y Jesús* (Yeshúa) *andaba en el templo, por el pórtico de Salomón.* (Juan 10:22–23)

Hanuká es una fiesta hermosa celebrada por el pueblo judío. Muchos conocen de las costumbres y de la historia de Hanuká. Tal vez hasta conozcan lo suficiente de las Escrituras para saber que esta fiesta se menciona proféticamente en el libro de Daniel. ¡Pero la mayor sorpresa, tanto para la comunidad judía como para la cristiana, es que la mención más clara de esta fiesta se encuentra en el Nuevo Testamento!

Las personas que normalmente celebran esta fiesta, los judíos, tienen escasas referencias bíblicas al respecto; pero aquellos que normalmente no celebran Hanuká, ¡tienen la referencia más explícita al respecto en el Nuevo Testamento!

Esto nos lleva a la primera razón por la que los creyentes en el Mesías quisieran entender y celebrar esta fiesta: el Mesías mismo la celebró. Yeshúa no solamente celebró Hanuká, sino que la guardó en el mismo Templo que había sido purificado y re dedicado, tan solo unas generaciones antes, bajo los Macabeos.

Muchos estudiosos judíos aprecian un significado más profundo de Hanuká. Los editores de la muy popular *Artscroll Mesorah Series* declaran:

> *Entonces, la luz se enciende para dar inspiración, pues la luz del Mesías debe arder con intensidad en nuestros corazones* (Chanukah, Mesorah Publications, Brooklyn, 1981, pág. 104).

Esta es una conclusión lógica, porque así como Hanuká es una celebración de liberación, también ha venido a ser un tiempo para expresar la esperanza mesiánica. Así como los macabeos fueron usados por Dios para redimir a Israel, tal vez el redentor más grande, el Mesías, ¡también vendría en este tiempo!

Con este entendimiento, podemos apreciar mejor las escenas que se desarrollaron cuando Yeshúa celebró la fiesta hace 2000 años en Jerusalén. Entre las festividades, Yeshúa fue contactado por algunos rabinos quienes le hicieron una pregunta muy sencilla: "¿Hasta cuándo vas a tenernos en suspenso? Si tú eres el Cristo (Mesías), dínoslo con franqueza" (Juan 10:24). La respuesta a esta pregunta muy apropiada se encuentra en el mensaje de Hanuká de Yeshúa. Él claramente reitera su declaración y las pruebas de ser el Mesías. (Juan 10:25–39).

Esto muestra la conexión verdadera entre Hanuká y la Navidad. Hanuká conmemora una victoria militar para Israel, y las implicaciones de esto son inmensas. Si Antíoco hubiera tenido éxito en su campaña de antisemitismo y destrucción, para el tiempo de Yeshúa, ya no hubieran existido los judíos. ¡El milagro de la Navidad solo podía suceder después del milagro de Hanuká! Ciertamente todos los creyentes en Yeshúa tienen razones importantes para guardar esta Fiesta de Dedicación. ¡El Mesías, nuestro libertador, ha llegado!

El cumplimiento profético

Al igual que todos los otros días de fiesta, existen lecciones espirituales grandes que aprender en Hanuká, como la luz, el valor y la fe. Tal vez la lección más vital, esté contenida en su nombre. Esta fiesta conmemora un tiempo cuando la adoración verdadera de Dios fue restaurada en Jerusalén. El Templo en Jerusalén ya no está en pie hoy en día. Pero el corazón de cada creyente verdadero en Yeshúa el Mesías y salvador, es el templo donde habita el Espíritu de Dios. Muy a menudo los creyentes ponen en peligro la limpieza de este Templo, permitiendo que entre la idolatría en sus vidas. De ahí la permanente exhortación de las Escrituras:

Huyan de la inmoralidad sexual. Todos los demás pecados que una persona comete quedan fuera de su cuerpo; pero el que comete inmoralidades sexuales peca contra su propio cuerpo. ¿Acaso no saben que su cuerpo es templo del Espíritu Santo (Ruaj Ha-Kódesh), quien está en ustedes y al que han recibido de parte de Dios? Ustedes no son sus propios dueños; fueron comprados por un precio. Por tanto, honren con su cuerpo a Dios. (1 Corintios 6:18–20).

¡Seamos en verdad templos para el Mesías, limpiados y dedicados para el uso del Maestro!

Una guía práctica para los creyentes en Yeshúa

Al buscar una expresión práctica para esta fiesta, los creyentes en el Mesías Yeshúa pueden incorporar muchas de sus tradiciones hermosas. La celebración se centra en la menorá y lo que representa. Cada noche, durante Hanuká, la familia y sus conocidos se pueden reunir para encender la menorá con el número apropiado de velas. Los brazos de la hanukía representan los ocho días de Hanuká, más una vela shamash que se usa para encender las otras.

En la primera noche de Hanuká, después de la puesta del sol, se enciende la vela shamash, y luego es usada para encender otra vela más en la Menorá. La segunda noche, encendemos el shamash una vez más y lo usamos para encender dos velas. Esto continúa durante las ocho noches de Hanuká. Se debe de tomar nota de que el número apropiado de velas se colocan en la menorá de derecha a izquierda, pero se encienden con el shamash de izquierda a derecha.

Durante el encendido del shamash y del número apropiado de velas, se cantan las siguientes bendiciones:

Barukj atah Adonai Elojenu melekj ja-olam,
asher kidshanu be-mitzvohtav,
ve-tzi-vanu le-jadlik ner, shel Hanuká.

Bendito eres Tú, oh Señor, nuestro Dios, Rey del universo, que nos has santificado por medio de tus mandamientos y nos has mandado encender la luz de Hanuká.

Estas son las bendiciones tradicionales usadas por el pueblo judío. Algunos creyentes en el Mesías han adaptado algunas de las palabras para reflejar su fe mesiánica. Por ejemplo: "...en el nombre de Yeshúa, la luz del mundo."

Barukj atah Adonai Elojenu melekj ja-olam,
Shi-asah nisim le-avotenu, bayamin ja-hen, bazman haze.

Bendito eres Tú, oh Señor, nuestro Dios, Rey del universo, que has hecho milagros para nuestros padres en los días de este tiempo.

Sólo en la primera noche, se agrega lo siguiente:

Barukj atah Adonai Elojenu melekj ja-olam,
She-je-kjiyanu ve-kiyamanu lazman haze.

Bendito eres Tú, oh Señor, nuestro Dios, Rey del universo, que nos has guardado con vida, nos has sustentado y nos has traído a este tiempo.

Después de encender las velas y cantar las bendiciones, es apropiado elevar un coro de una de las canciones de Hanuká. En seguida, es tiempo de sentarse a disfrutar de la cena festiva.

Cuando disfrute usted de estas costumbres maravillosas, recuerde las lecciones importantes asociadas con la fiesta de la Dedicación.

Recetas para Hanuká

TORTITAS LATKES DE PAPA

INGREDIENTES:

- 2 huevos
- 3 tazas de papas escurridas y ralladas
- 4 cucharadas de cebolla rallada
- ¼ de cucharadita de pimienta.
- 2 cucharadas de harina de matzá
- ½ taza de aceite o mantequilla

INSTRUCCIONES:

Bata los huevos y añada las papas ralladas, la cebolla, la pimienta, la harina de matzá y sal al gusto. Caliente la mitad del aceite o de la mantequilla en un sartén. Con una cuchara sopera tome la mezcla de la papa y póngala a freír en el aceite hasta que se cosan y queden doradas por ambos lados. Mantenga los panqueques calientes hasta se hayan frito todos y agregue más aceite o mantequilla si necesita. Estas cantidades alcanzan para servir aproximadamente 8 porciones. Sírvalas con puré de manzana o crema agria.

Como jugar al dreidel

Las letras hebreas *Nes, Gadol, Jayah, Sham*, significan "Un milagro sucedió ahí." Esas son las letras que están impresas en cada lado del dreidel.

INSTRUCCIONES PARA JUGAR:

1. Entregue a cada jugador cantidades iguales de dulces o nueces.
2. Cada jugador coloca una pieza en el centro.
3. El primer jugador hace girar el *dreidel* y hace lo que diga el *dreidel*.

4. Cuando algún jugador obtiene un gimel, todos agregan una pieza más al centro.

5. Todos juegan su turno y al terminar cada quien puede comer sus nueces o dulces.

Gimel	Ha¥	Shim	Num
Toma todo	*Toma la mitad*	*Por uno*	*Toma cero*

Manualidades para Hanuká

Imagen de Hanukiah

MATERIALES:

> cartel y pegamento, periódico
> fotos o ilustraciones de hanukiás
> semillas y similares (en recipientes o tazones pequeños)

INSTRUCCIONES:

Extienda el periódico en una mesa y coloque el cartel encima del periódico. Muestre a la clase varias fotos o hanukiás de verdad (menoras de hanuká). Coloque los recipientes con semillas alrededor de la mesa y dele a cada niño una pequeña botella de pegamento. Muestre a los niños como colocar un poco de pegamento una sección pequeña a la vez en partes de la hanukía y como cubrir el pegamento con semillas. Repita la operación para cubrir las velas y sus flamas. Deje secar el pegamento y luego sacuda el exceso de semillas en el periódico. Exhiba el trabajo como cuadro en alguna pared, o boletín de avisos.

Una menorah de Hanuká sencilla (Hanukía)

MATERIALES:

> un trozo de madera de aglomerado, aproximadamente 7cm de ancho x 15cm de largo x 3cm de alto
> nueve tuercas de 2cm
> pegamento, brillantina y marcadores

INSTRUCCIONES:

Pegue ocho de las tuercas en la tablilla. Pueden colocarse en línea recta o en semicírculo. Coloque la novena tuerca ligeramente separada de las otras, para que sea el "shamash." Decore la menorá con su propio diseño de pegamento y brillantina o con marcadores de colores.

VISTA
SUPERIOR

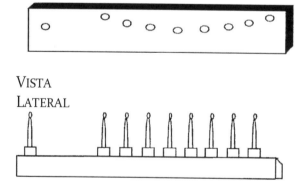

VISTA
LATERAL

Música para Hanuká

Maoz Tzur
Moderadamente   *Tradicional*

Sevivon
                                                    Canción tradicional
Aumento

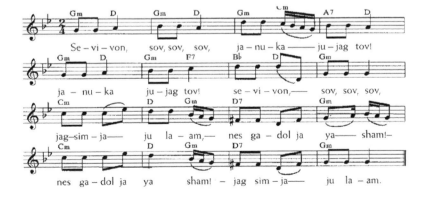

TRADUCCIÓN:

Gira, Dreidel, gira. Hanukah es una buena fiesta. ¡Un gran milagro sucedió aquí![2]

[2] Barney Kasdan, _Los Tiempos Establecidos Por Dios: Una Guía Práctica Para Entender Y Celebrar Las Fiestas Bíblicas_, Primera Edición. (Clarksville, MD: Messianic Jewish Publishers, 1993), 123–139.

Foto histórica que describe la Menora en los tiempos de Jesús

Este detalle del arco de Tito en Roma muestra los victoriosos y laureados romanos llevando una menora de siete brazos del segundo templo en Jerusalén después de que lo destruyeron en el 70 d.C. Los judíos religiosos todavía lamentan este evento en su fiesta anual de Tisha B'Av en julio o agosto, en la fecha en el calendario hebreo cuando tanto el primero como el segundo templo fueron destruidos. Éxo 25:31-40, Éxo 37:17-24, 1 Crón 28:15, Heb 9:2

El gozo de los días de fiesta

¡Que trayecto asombroso es el viajar por las fiestas bíblicas! Con este recorrido hemos visto la herencia rica que poseen los creyentes en Yeshúa. Los días festivos no solo son un recordatorio de la fidelidad de Dios en el pasado, sino también de sus planes futuros para el mundo al regreso de Yeshúa el Mesías.

Mi oración es que este libro sea una herramienta valiosa para poder entender mejor a Dios. Igualmente, es mi esperanza que todos los creyentes puedan celebrar su fe al incorporar estas fiestas en sus vidas espirituales.

Pero sobre todo, confío en que al entender y al experimentar las fiestas bíblicas, ellas otorgarán una sensación renovada de gozo. Cada fiesta, cada costumbre y cada tradición, dirige nuestra atención a la redención actual en el Mesías y en el Reino venidero de Dios. Es con mucha razón que la Torá dice: "¡regocíjense en sus fiestas!"

Espero que aquel gozo espiritual sea suyo de una nueva manera mientras celebra el significado completo de los tiempos establecidos por Dios.

Visión de Zacarías sobre la Menora

Descripción de la Visión Zac. 4:1-3

El profeta es despertado del sueño para que viera esta quinta visión. Vio un candelabro, todo hecho de oro. Encima había un depósito de aceite y siete lámparas con siete tubos para proveer el aceite para cada lámpara.

Además del candelabro había dos olivos, uno por cada lado. Los dos olivos parecen ser los que contienen el aceite que llena los depósitos, de manera que el candelabro continúa alumbrando sobrenaturalmente, sin ayuda humana. No se provee mayor explicación de la relación entre los olivos y el candelabro.

Significado de la Visión 4:4-10

Cuando Zacarías le preguntó al mensajero el significado de esta visión, se le contesta con un mensaje de ocho puntos. Se comprenden mejor si los consideramos a la luz de la introducción anterior y estudiándolos en unión con la totalidad del pasaje.

El mensaje principal era que el templo sería completado por el poder de Dios (4:6), así como el candelabro funcionaba sin ayuda humana. Dios daría el poder. La fuerza para lograrlo no vendría de parte de los hombres, sin importar su plan, ni requeriría mucho esfuerzo humano. Ese es el secreto para lograr el éxito; poder del Espíritu Santo de Dios. Él se encargaría de este proyecto personalmente.

El segundo mensaje que dio el ángel fue que todo obstáculo a la obra sería quitado (7a). No hay montaña que Dios no pueda convertir en campo liso para cumplir Su propósito. Zorobabel era el instrumento del Señor y nada le podría parar.

El tercer establecido fue que el templo sería terminado con éxito y gozo (7b). La "primera piedra" o "piedra clave" era la principal, la que señalaba el fin de la construcción. Esta piedra se preparó especialmente en el taller y después la llevaron al sitio donde la colocarían en una ceremonia especial. Esta no era la piedra del ángulo, la que apoyaba todo el edificio y que se colocaba al principio de la obra. Aquí tenemos el último toque al proyecto. Por eso habría gozo al llegar al momento de colocarla. Se colocó con gran gozo, con aclamaciones de "Gracia, gracia a ella".

Cuarto, se afirma que Zorobabel terminaría el proyecto de construcción. Puesto que él lo había principiado; también lo llevaría al fin (8–9a). Quinto, la terminación del edificio demostraría la veracidad del mensaje de la Palabra de Dios, la cual sería cumplida (9b).

Sexto, los que menospreciaban la obra dejarían de criticar (10a) y se unirían a la alegría. Para comprender la situación a que Zacarías se refiere, es necesario tomar en cuenta que las personas se encontraban tristes el día que se echaron los cimientos del templo pocos meses antes (Esdras 3:12–13). Por el contrario, ahora todos se regocijarían. Séptimo, Zorobabel gobernaría con autoridad y el resultado sería agradable para todos (10b).

Por último, la sabiduría y cuidado de Dios serían exaltados (10c). Los siete ojos representan la omnisciencia de Dios (3:9). Su mirada recorre toda la tierra. Esta expresión se utilizaba en el idioma original para señalar el cuidado de Dios (2 Crónicas 16:8–

9), quien cuidaría de Su pueblo y aplicaría a esa tarea todos los recursos que Su gran sabiduría le provee.[3]

Zacarías: El profeta que tuvo ocho visiones para alentar a Israel

Contexto histórico

En este capítulo final, estudiamos los tres últimos libros del Antiguo Testamento: Hageo, Zacarías y Malaquías. Estos tres libros tratan del período de tiempo que transcurrió *después* del cautiverio. Así que los llamamos *Libros post-exílicos*.

El autor y la fecha

El autor de este libro es Zacarías, hijo de Berequías (Zac 1:1). Como Jeremías y Ezequiel, él era sacerdote y profeta. Zacarías era levita y la cabeza de la familia sacerdotal de Iddo (Zac 1:1; Neh 12:16). Nació en Babilonia y viajó a Jerusalén con el primer grupo que regresó. *Recuerde que esto sucedió en el año 538 a.C., con la dirección de Zorobabel y Josué, el sumo sacerdote (Figura 13.5).

Zacarías ministró con Hageo, pero era mucho más joven. Esdras 5:1 afirma que estos dos profetas inspiraron a los judíos para reedificar el templo. Así que el contexto histórico de Zacarías 1–8 es igual al de Hageo. Siendo aún joven profetizó con Hageo en los años 520–518 a.C. (Zac 2:4). Pero parece que ya era un an-

---

[3] Rafael Porter, *Estudios Bíblicos ELA: Dios Recuerda (Zacarías)* (Puebla, Pue., México: Ediciones Las Américas, A. C., 1988), 41–43.

ciano cuando escribió Zacarías 9–14, aproximadamente en los años 480–470 a.C.

Todas las profecías de Zacarías ocurrieron en Jerusalén. El Nuevo Testamento nos cuenta que Zacarías, el hijo de Berequías, fue asesinado *"entre el templo y el altar"* (Mt 23:35). Algunos piensan que esto refiere al profeta Zacarías, hijo de Berequías (Zac 1:1). Otros piensan que Mateo 23:35 refiere al Zacarías anterior que era sumo sacerdote (2 Cr 24:20–21).[5] En el cielo, podremos preguntarle al profeta Zacarías como fue que él murió; o podemos preguntarle a Zacarías el sumo sacerdote, si el nombre de su padre era Berequías.

Dos propósitos

Zacarías profetizó con dos propósitos, que concuerdan con las dos partes de su libro. *Primero*, en los capítulos 1–8, él escribió para alentar a los judíos a completar el templo. *Segundo*, en los capítulos 9–14, los judíos quienes habían construido el templo se desalentaron porque el Mesías no había venido. Así que Zacarías escribió sobre el Mesías venidero.[4]

La quinta visión fue la del candelabro de oro y los dos olivos descrita en Zacarías (Zacarías 4:1-10). Los dos olivos eran símbolos de combustible inagotable (aceite de oliva) para las lámparas. El aceite fluía en un depósito que tenía siete tubos pequeños por los cuales el aceite corría hacia las siete lámparas. Del mismo

---

[4] John Wesley Adams, Roger D. Cotton, and Quentin McGhee, _Panorama Del Antiguo Testamento (Manual Del Estudiante)_, ed. Quentin McGhee, Quinta edición., Serie Fe Y Acción (Springfield, MO: Faith & Action, 2011), 238–239.

modo, el Espíritu Santo fluía a través de Zorobabel y Josué para dar poder a otros. Dios quería que los judíos fueran luces para las naciones.

Zac. 4:1–14 La visión del candelabro y los dos olivos

En realidad la cuarta y la quinta visión se centran en los líderes de la restauración: Josué y Zorobabel. En 4:14 el ángel se refiere a ellos como «los dos ungidos» (lit. «hijos del aceite»). Josué representa el poder religioso y Zorobabel el poder político. Jeremías 33:14–18 parece anticipar que los dos poderes se sostendrán por la promesa divina. Si bien no es sencillo determinar cada detalle de la visión, su mensaje central es claro. En el texto este resumen de significado se aprecia en la respuesta del ángel a la pregunta del profeta. No se le ofrece a Zacarías una explicación de cada detalle de la visión, sino sólo de los componentes esenciales para la transmisión del mensaje: que los ojos de Dios escudriñan toda la tierra (simbolizando la vigilancia de Dios sobre los asuntos humanos) y que los líderes de la restauración cuentan con la unción divina.

Los vs. 6b–10a parecen estar fuera de lugar en el medio de la visión y probablemente se deben a un añadido posterior. Estas «tres palabras sobre Zorobabel» tienen el propósito de enfatizar que con la ayuda de Dios Zorobabel podrá hacer frente a la tarea aparentemente imposible de reconstruir el templo. «No cuentan el valor ni la fuerza, sino solo mi espíritu» (4:6b; BJ), le dice el ángel. No es la disponibilidad de recursos humanos lo que garantizará el éxito de la empresa, sino la unción del espíritu divino (Joel 2:28). Dios se hace presente para anunciar que aun en la carencia y la pobreza, su espíritu tiene el poder para alcanzar la meta. El oráculo no implica un llamado a la inactividad sino una exhortación a la confianza de quienes ya han agotado sus recursos.[5]

4.1-14 La quinta visión nocturna tiene que ver con el candelabro de oro entre los dos olivos. El candelabro está diseñado para mostrar que la reconstrucción del Templo se llevará a cabo no por el ingenio humano, sino por el poder divino.

4.1 me desperté: pareciera que estas visiones nocturnas vinieron durante el curso de una sola noche.

4.2, 3 El **candelabro todo de oro** recordaría al pueblo el candelabro del tabernáculo y del Templo.

4.4-6 La reconstrucción del Templo, la cual por fin había comenzado con seriedad (Esd 5.1, 2; Hag 1.14), se llevaría a cabo no por las fuerzas o recursos humanos, sino por el poder del **Espíritu de Dios**.

4.7 El **gran monte** era una referencia figurativa a los grandes obstáculos que el pueblo enfrentaba al reconstruir el Templo (Esd 5.3-17). La colocación de la **primera piedra** marcaría la consumación del proyecto. Las palabras **Gracia, gracia a ella** se pueden entender como una oración por el favor de Dios, o como una exclamación de admiración por la gracia y la belleza del Templo recientemente construido.

4.8, 9 sus manos: La promesa concerniente a Zorobabel es significativa; la labor que comenzó, también la terminaría.

---

[5] Alejandro F. Botta, Los Doce Profetas Menores, Conozca Su Biblia (Minneapolis, MN: Augsburg Fortress, 2006), 126–127.

4.10 el día de las pequeñeces: No hay nada malo con un trabajo pequeño. Lo diminuto puede en realidad ser mucho si Dios está en ello. **Estos siete**, un número usado simbólicamente para representar la idea de integridad, se identifican como **los ojos de Jehová** («ojos» en el 3.9). El hecho de que estos ojos se **alegrarán** con la plomada en la mano de Zorobabel sugiere el deleite de Dios por la reconstrucción del Templo.

4.11-14 Las **dos ramas de olivo** se identifican como **dos ungidos**, representantes de las funciones religiosas y políticas de Israel, o del sacerdote y del rey. Muchos identifican las dos ramas con el sumo sacerdote Josué y el gobernador Zorobabel.[6]

---

[6] *Neuvo Comentario Ilustrado de La Biblia* (Nashville: Editorial Caribe, 2003), 1083.

Perspectiva Teológica sobre la visión de Zacarías y la Menora

El candelabro de oro y los dos olivos (4:1–14)

Así como la cuarta visión reveló la dignidad y significación del sumo sacerdote, la quinta prometió la gloria conjunta de Josué y Zorobabel, el jefe civil de la comunidad judía. Se agregó a esto un oráculo para el mismo Zorobabel.

El profeta ve un candelabro de siete brazos, de oro, con una provisión inagotable de aceite. Sobre el candelabro hay un depósito, y a su derecha y su izquierda dos olivos. Estos árboles alimentan el depósito mediante dos tubos, y el depósito envía el aceite de oliva al candelabro por medio de siete tubos de oro. El candelabro es un símbolo de la comunidad judía restaurada en la cual Dios mismo está presente. Los dos olivos que proporcionan aceite a las lámparas representan a Zorobabel y Josué como canales de la gracia divina.

Muchos intérpretes creen que los versículos 6b–10a, desde **ha dicho Jehová** hasta **en la mano de Zorobabel**, están fuera de lugar aquí. En nuestro texto actual parecen estar insertados en medio de la visión, pues interrumpen la conexión entre los versículos 6a y 10b. Este mensaje de aliento para Zorobabel cabe bien después de 4:1–6a, 10b–14, y será comentado en ese lugar.

a. La visión y su significado (4:1–6a, 10b–14). Después de la última visión Zacarías parece haber caído en una suerte de éxtasis, meditando en lo que se le había mostrado. **Volvió el ángel que hablaba conmigo, y me despertó, como un hombre que es despertado de su sueño** (1). El profeta fue despertado por el ángel intérprete a fin de que pudiera captar el significado de la nueva visión. Prestando atención, vio **un candelabro todo de oro** (2), un lampadario de siete brazos como el del tabernáculo (cf. Ex. 37:17–24). Pero en éste las lámparas no necesitaban ser llenadas de aceite por manos humanas. Un **depósito** encima del candelabro le suministraba aceite por medio de **siete tubos. Y junto a él** había **dos olivos, el uno a la derecha del depósito, y el otro a su izquierda** (3). La provisión de aceite no dependía de ninguna vasija, sino de dos árboles vivos; por lo tanto era perenne y no dejaba de fluir.

Confundido por la visión, el profeta pidió al ángel que se la interpretara: **¿Qué es esto, Señor mío?** (4). El ángel se sorprendió de que Zacarías no lo supiera, pero no vaciló en responderle: **Estos siete son los ojos de Jehová, que recorren toda la tierra** (10b). Mientras el candelabro representaba a la comunidad de Israel, en un sentido más profundo aún era un símbolo de la presencia divina en medio de la comunidad. "El templo, tan cercano a su terminación no revelaría por sí mismo a Dios: los judíos no debían poner en él su confianza, sino en la vida que había detrás de él."[43] Las siete luces simbolizan los ojos de Jehová.

Pero, **¿qué significan estos dos olivos a la derecha del candelabro y a su izquierda?** pregunta Zacarías (11). En el verso 12 hace nuevamente la pregunta, ampliándola. "¿Qué son aquellos dos racimos de olivas que están al lado de los dos conductos de oro, por donde revierte el aceite?" (VM.). Nuevamente el ángel se asombra ante la ignorancia del profeta: **¿No sabes que es esto?** Zacarías responde: **Señor mío, no** (13). Entonces él le dijo claramente: **Estos son los dos ungidos que están delante del Señor de toda la tierra** (14). Aunque no los nombra, no pueden ser otros que Josué y Zorobabel, los jefes religioso y civil, respectivamente, de la comunidad judía. Los dos olivos que suministran una inagotable provisión de aceite a las lámparas son los dos jefes ungidos de Israel. "El suyo es el deber igual y

---

[43] Smith, *op. cit.*, p. 298.

VM. *Versión Moderna*

coordinado de sostener el templo, representado por todo el candelabro, y asegurar el brillo de la séptuple revelación... Es decir, que el templo no es nada sin la monarquía y el sacerdocio detrás de él; y éstos están en la presencia inmediata de Dios."[44] Josué y Zorobabel son simplemente los canales de la gracia divina; la Fuente es Dios mismo.

b. *La palabra a Zorobabel* (4:6b–10b). **Esta es palabra de Jehová a Zorobabel, que dice: No con ejército, ni con fuerza, sino con mi Espíritu, ha dicho Jehová de los ejércitos** (6b). Este es uno de los grandes textos de la Biblia. Es más que una palabra para Zorobabel; es un mensaje para todo el que participa en la obra del Señor. El éxito espiritual sólo es posible cuando estamos llenos del Espíritu y purificados por El. Marcus Dods tiene un hermoso comentario de este versículo:

> Tú has tomado tus propias medidas, sientes tu debilidad para enfrentar tus circunstancias, estás penosamente consciente de tu incapacidad para brillar y disipar las tinieblas a tu alrededor; pero has de entender que el Espíritu de Dios es la fuente de toda acción brillante y esclarecedora que refleja gloria sobre Dios. Tú no tienes que crear un espíritu santo en ti mismo. En Dios existe suficiente santidad para la necesidad de todas las criaturas. Y en Dios hay suficiente vida para sostener con vida a todas las criaturas, así que en El hay santidad suficiente para todo lo bueno que necesite hacerse. Nunca podrás encontrarte cara a cara con algún deber para el cual no haya gracia suficiente. Puede que en ti haya muy poca, pero en Dios hay una fuente viva.[45]

---

[44] Smith, *ibid.*

[45] *Op. cit.*, pp, 80–81,

¿Quién eres tú, oh gran monte? Delante de Zorobabel serás reducido a llanura; él sacará la primera piedra con aclamaciones de: Gracia, gracia a ella (7). Todos los obstáculos que habían surgido ante Zorobabel, y que en su temor había magnificado como un **gran monte**, serían superados por el poder del Espíritu que descansaría en él. **La primera piedra** ("piedra de remate", VM., BJ.) del templo sería traída al fin del tinglado del picapedrero con gritos de triunfo y con la ardiente súplica que Dios añadiera su gracia a la obra terminada y mantuviera largo tiempo esa piedra en su lugar. **Vino palabra de Jehová a mí, diciendo: Las manos de Zorobabel echarán el cimiento de esta casa, y sus manos la acabarán** (8–9). La cláusula final del verso 9 significa: "Por el cumplimiento de estas promesas Zorobabel y la nación toda comprenderán que era la Palabra divina lo que estaba siendo hallado."[46]

Porque los que menospreciaron el día de las pequeñeces (10). Todos los que se habían burlado de los pequeños comienzos del templo y expresaron sus dudas sobre la terminación del mismo, ahora **se alegrarán** cuando **vean la plomada en la mano de Zorobabel** cuando éste coloque en su lugar la piedra de remate. Dios nunca comienza una obra que no esté dispuesto a terminar. Cuando estamos entregados a El completamente y llenos de su Espíritu, podemos decir con Pablo: "Estando persuadido de esto que el que comenzó en [nosotros] la buena obra, la perfeccionará hasta el día de Jesucristo" (Fil. 1:6).[7]

VM. *Versión Moderna*

BJ. *Biblia de Jerusalén*

[46] Cashdan, *op. cit.*, p. 285.

[7] William%2M. Greathouse, "El Libro de ZACARÍAS," in *Comentario Bíblico Beacon: Los Profetas Menores (Tomo 5)* (Lenexa, KS: Casa Nazarena de Publicaciones, 2010), 355–358.

Recursos divinos para el sumo sacerdote y el príncipe (4: 1-14)

El candelero todo de oro (Éxodo 25:31) estaba en el lugar santo del tabernáculo. Los diez candeleros hechos por Salomón para el templo (1 Rs 7, 49) no se mencionan de nuevo, y fueron evidentemente reemplazados por uno solo en el templo post-exílico (1 Mac 1:21). El profeta podría haber tenido alguna responsabilidad en relación con la fabricación del candelabro nuevo y pudo haber tenido la estructura visual en su mente. Lo que expresó no se explica en detalles, y la pregunta formulada en Zacarías 4:4 no se explica hasta el final del capítulo. En vez de una respuesta directa, el ángel dirige un mensaje a Zorobabel, lo que la mayoría de los comentaristas juzgan haber sido parte de un oráculo separado que no pertenecía originalmente en este capítulo. JB[8] y NEB[9] reorganizan el texto adecuadamente. A mediados del versículo 10 o al principio del versículo 11 se reanuda la narración interrumpida a mediados del versículo 6 y, a fuerza de preguntas persistentes, el profeta finalmente llega al significado de los dos olivos. Representan a dos líderes que se muestran equipados para sus tareas en virtud de su relación con el Señor (versículo 14). El propósito principal de la visión fue animar a los dos líderes, Josué y Zorobabel, como parte de los recursos de Dios, y vindicarlos ante los ojos de la comunidad.

1. Los detalles del mensaje del profeta se dan sólo en relación con la quinta visión. Puede ser que éste fuera considerado como de un significado especial.

---

[8] JB The Jerusalem Bible, Standard Edition, 1966.
[9] NEB The New English Bible Old Testament, Library Edition, 1970.

2. El profeta no tuvo dificultad en identificar el objeto que vio como un candelero, por lo que le debe haber parecido a otros candeleros con los que estaba familiarizado. Un gran número de lámparas han sido desenterradas en Palestina pertenecientes al período bíblico, y éstas influyen en nuestra comprensión de la descripción del profeta.[10] El primer hecho importante revelado por los estudios arqueológicos de las lámparas es que el candelabro de siete brazos descrito en el Arco en Roma, y todavía utilizado por los judíos llamada la měnôrâ, no se concebía así antes que el primer siglo a.C.

Los pedestales de lámpara excavados en las ciudades de Palestina eran mucho más simples en diseño. Tenían forma cilíndrica, hueca, y parecían un tronco de árbol. Por lo general, se hacían de cerámica y tenían un agujero en el costado, en el que se podía haber fijado los brazos. Se han encontrado lámparas con pedestal no sólo en Gezer, en el suroeste de Palestina, sino también en Ta'annak, en el extremo sur de la llanura de Esdraelon, y en 1969 en un lugar alto cerca de Dan en el extremo norte. Evidentemente, este era otro patrón aceptado para una lámpara. El candelabro de Zacarías (měnôrâ) probablemente era sólo una columna cilíndrica, que se estrechaba ligeramente hacia la parte superior, sobre la cual había un tazón. Restos de la lámpara encontrada cerca de Dan, datado de c. 900 AC, tenía siete "flautas", como la de Ta'annak. Si el gran candelabro de Zacarías tenía o no siete flautas, tenía al final siete lámparas con siete labios en cada una de las lámparas. La imagen es como de siete tazones pequeños, cada uno con un lugar para siete mechas, dispuesta alrededor del

---

[10] R. North includes three pages of lamp diagrams and one of photographs in 'Zechariah's Seven-Spout Lampstand', Biblica, 51, 2, 1970.

borde del tazón principal. Un recipiente así, pero probablemente con un quemador de incienso en lugar de una lámpara, fue excavado al norte de Akko por Moshé Dothan en 1954/58. Se fechó cerca del 1750 a.C. N. Glueck señala 7 lámparas de pedestal de siete pulgadas del siglo X.

3. Dos ramitas de olivos en ella, una por encima de la otra, es decir, eclipsándola, se colocan a cada lado del tazón. El pedestal tendría probablemente la misma altura que el tronco de los árboles de olivos, digamos dos metros, y las ramas estarían por encima de las luces.

4. Son los olivos los que engañan al profeta y hace que pregunte (versículos 11, 12).

5. El ángel interpretador retrasa dos veces su respuesta (ver versículo 13), y el efecto es concentrar el interés en el versículo final del capítulo.

6. Mientras tanto Zacarías recibe la palabra del Señor para Zorobabel. No hay ninguna referencia a la visión en los próximos versículos, pero la conexión del pensamiento es que los dos olivos representan a los dos líderes. A Josué se le había dado una palabra especial en la visión anterior, de ahí la concentración ahora en Zorobabel. Las dos visiones están interconectadas.

La construcción del templo, ya marchando, será completada, pero no por el *poder* (del Hebreo *Ḥayil*), que representa la fuerza militar, la destreza humana, tal como el "ejército" de los trabajadores que Salomón había tenido para construirlo (1 R 5: 13-18), ni por poder (Heb. *Koaḥ*), una palabra usada para la "fuerza" de los cargadores mencionados en Nehemías 4:10. Desde un punto de vista humano, la mano de obra disponible era inadecuada para la tarea. Pero por mi espíritu (Heb. *Rûaḥ*), dice el Señor de los ejércitos, será hecho. Fue el aliento (rûaḥ) del Señor que trabajó en la creación (Génesis 1: 2), y que abrió el Mar Rojo y lo cerró de nuevo (Éxodo 15: 8, 10; 2 Sam. 22:16). En la visión de Ezequiel (37: 1-14) el viento (rûaḥ) trajo un pueblo muerto a la vida. ¿Fue necesaria tal intervención para completar la construcción del templo? Sí, porque la obra y la forma en que se hizo, y la provisión de recursos materiales, así como el edificio terminado, fueron todos testimonios de Dios, el Señor de los ejércitos. Sólo si su Espíritu gobierna cada detalle entonces lo que hacemos para Él, servirle, le podrá glorificar.

7. ¿Qué eres, oh gran montaña? Quizás Zorobabel había personificado los obstáculos o las principales dificultades giraban alrededor de los obstruccionistas humanos que querían su propio camino (Esdras 4: 2, 4). Evidentemente, la "gran montaña" no se limita a montones de escombros que impedían la construcción, como tampoco las montañas de Isaías deben interpretarse literalmente (Isaías 40: 4 y 41:15). Las montañas de oposición a la obra de Dios, tanto prácticas como personales, se convertirán en una llanura que no podrá (ni tampoco puede) impedir el progreso (Marcos 11:23).

Su Santo Espíritu traerá la piedra principal (Heb. 'primera piedra', una expresión utilizada sólo aquí y que significa "piedra de importancia primaria"). Se ha argumentado que la piedra principal, según textos antiguos del Cercano Oriente no solo hace referencia a una piedra superior, sino también a la primera piedra puesta durante una ceremonia pública. La fundación ha sido puesta (versículo 9) y la promesa es que el edificio será terminado. Sea o no de acuerdo a lo acostumbrado, en este caso habrá una ceremonia de regocijo cuando se haya puesto la última piedra, porque no se trata de un edificio ordinario. Su finalización es simbólica de la victoria dada por el Espíritu de Dios (versículo 6). La expresión: ¡Gracia, gracia a ella! (del Hebreo ḥēn, 'gracia' y 'belleza'), llama la atención tanto sobre el atractivo del edificio como a la gracia que Dios ha mostrado y mostrará en el futuro.

8, 9. La segunda palabra para Zorobabel expresa el mismo mensaje en términos claros. Zorobabel ciertamente terminará la obra, y el cumplimiento de esta profecía proveerá una mayor vindicación de la autoridad del profeta (2:9, 11; 6:15).

10. Zacarías, (así como Hageo), implica que los "realistas" eran pesimistas sobre el proyecto de construcción (Hg 2:3), y despreciaron el día de *las cosas pequeñas*. Querían verlo triunfar y se alegraron cuando lo hicieron, pero su fe era demasiado pequeña. Pudieron haberse regocijado desde el principio pero no pudieron. El final del versículo es un anticlímax: *la plomada en la mano de Zorobabel* no indicaría más que el que estaba supervisando la obra. Esta traducción se basa en las primeras versiones griega, latina y aramea, en lugar del hebreo, que no utiliza el término técnico para *plomada*, sino una extraña yuxtaposición de dos sustantivos, 'la piedra pesada' (bĕdîl). Otra versión la llama 'la piedra de separación', y paralelamente 'la piedra de posesión' (versículo 7). Esto se basa en la opinión de G. R. Driver, sugerida por la versión siríaca. El verbo bādal, del cual se deriva el sustantivo bĕdîl, significa "separar", y evidentemente los traductores siríacos entendieron el término como una forma adjetival de este verbo. La piedra simbolizaría entonces la naturaleza "santa" separada de la comunidad judía. La Biblia de Jerusalén le llama 'la piedra elegida'. La misma piedra se entiende como en el versículo 7, una piedra especialmente preparada,

separada para un lugar especial en las piedras de fundamento del templo. La piedra de Zorobabel no debe ser confundida con la de Josué en 3: 9. La causa del regocijo, por lo tanto, es la colocación por Zorobabel de esta última piedra ceremonial, la corona de toda su obra en la altura de las paredes del templo.

Habiendo entregado la palabra a Zorobabel, el ángel regresa a la pregunta de Zacarías acerca del significado de la visión. Estos siete son los ojos del Señor, pero ¿qué siete? La mayoría de los comentaristas consideran que la referencia es a las siete lámparas (versículo 3), lo que parece obvio. De hecho, el simbolismo del número siete, de pie como lo hace para la integridad y la perfección, haría de las lámparas un símbolo apropiado para la presencia del Señor en el templo. Enseñaría que sus ojos velan por los intereses de Israel restablecido, pero al mismo tiempo recorren toda la tierra.

11, 12. La pregunta en el versículo 11 se repite para hacerla más específica, y al enmarcarla la segunda vez se introduce un nuevo detalle. Hay dos ramas de olivos y dos tubos de oro, no mencionado antes. La palabra traducida "tubos" no se usa en ningún otro lugar del Antiguo Testamento, por lo que no es posible estar seguro de su significado, pero junto con las lámparas encontradas en Gezer se encontraban tubos de terracota que 'brotaban' en una especie de boquilla o abertura. Estos pueden haber sido usados como un medio para mantener las lámparas suministradas con aceite, y pueden explicar los "tubos" del versículo 12.

13, 14. Estos son los dos ungidos (Hebreo *hijos de aceite*). Por analogía con otros usos del idioma "*hijo de*", el significado es "*lleno de aceite*". La referencia es a la unción de reyes y sacerdotes, usando imágenes sugeridas por la visión. Los dos "ungidos" eran Josué y Zorobabel. Estos dos aguardan o esperan al Señor de toda la tierra, que es un título que aparece como una designación oficial de Nabucodonosor en Judit 2: 5. Nabucodonosor y su imperio se habían ido para siempre, pero para el Dios de Israel era un título apropiado para todos los tiempos.

Habiendo trabajado a través del texto del capítulo, ahora volvemos a su interpretación. El candelero no representa al Señor, sino al testigo del templo y de la comunidad judía. De esta manera, la visión se interpreta de manera simple y coherente. Josué y Zorobabel esperan al Señor invisible, que es la fuente de su autoridad y poder. Ellos a su vez se dan a sí mismos para construir el templo y la comunidad. Por la vida cotidiana y el culto, todo el pueblo debe ser una luz para los demás. La ciudad puesta en una colina no puede ser escondida (Mateo 5:14). Si preguntamos cómo podría ser tal cosa de personas que habían sido exiliadas recientemente por sus fracasos, la respuesta radica en el suministro de aceite a través de los "ungidos" que mantenían las luces encendidas. Fue "por mi Espíritu, dice el Señor de los ejércitos" (versículo 6). En la Revelación a Juan los siete candeleros de oro representan iglesias (Apocalipsis 1:20), así como la lámpara de Zacarías representaba a la comunidad de adoración del período post-exílico. En última instancia, la única verdadera luz era el mismo Señor (Juan 8:12), pero él consideró conveniente dar luz al mundo a través de la Iglesia tanto del Antiguo como del Nuevo Testamento, y en particular a través de sus líderes. Ellos hacen su parte al máximo de su capacidad, pero el factor que cuenta es su receptividad al aceite que fluye de los olivos a sus ramas, y es a través de ellos es que fluye el aceite para dar luz a otros. Para la operación del Espíritu de Dios no puede haber sustituto, por muy capaces que sean los líderes, necesitan del aceite del Espíritu. El versículo clave de todo el pasaje demuestra ser el versículo 6. Lejos de estar separado de la visión, el oráculo a Zorobabel es indispensable para comprenderlo. La terminación del reino de Dios es tan cierta como la finalización del templo. El Espíritu de Dios fluye a través de sus siervos que le esperan para convertir el día de las pequeñas cosas en el día de regocijo mundial, ya que la última piedra viva se agrega a la estructura de la cual Jesucristo mismo es la principal piedra angular (Efesios 2: 20).

Los capítulos 3 y 4 de Zacarías tienen claramente una importación mesiánica. Aunque en primer lugar se referían a la reconstrucción que tuvo lugar en Jerusalén en el año 519 a. C., la roca (3:9), la piedra (4:7), la Rama (3:8) y el templo tenían un significado más allá de sí mismos. Aunque no está explícito, ese significado está relacionado con los dos «hijos del aceite», Josué y Zorobabel, sacerdote y príncipe davídico, que juntos son el medio de traer nueva esperanza a la comunidad. A través del sumo sacerdote se pronuncia la absolución y se hace posible el acceso a la presencia de Dios. A través del príncipe, el templo se ha completado y el candelabro ha permitido brillar al mundo. Dos "mesías" o ungidos tienen sus funciones coordinadas. Ninguna es suficiente sin la otra. Son iguales en dignidad e importancia. Después de la muerte de Zorobabel, el sumo sacerdote iba a aumentar su poder temporal, porque los gobernadores en Jerusalén no fueron consecuentes con sus responsabilidades, pero las promesas a la casa de David no fueron olvidadas. El pueblo de Qumrán esperaba dos mesías, uno sacerdotal y otro davídico, pero las dos funciones fueron consolidadas en la persona y obra de Cristo.[11]

---

[11] Joyce G. Baldwin, Haggai, Zechariah and Malachi: An Introduction and Commentary, vol. 28, Tyndale Old Testament Commentaries (Downers Grove, IL: InterVarsity Press, 1972), 126–133.

Festividades Post Mosaicas relacionadas con la Menora

Se celebraba en Jerusalén la fiesta de la dedicación. Era invierno, y Jesús andaba en el templo por el pórtico de Salomón. – Juan 10:22-23.

Festividades post-mosaicas

Además de las fiestas mencionadas en la Ley de Moisés (Lev. 23), también se observaron otras estaciones festivas en el tiempo de nuestro Señor, para perpetuar la memoria de grandes liberaciones nacionales o de grandes calamidades nacionales. Las primeras eran fiestas populares, las últimas fueron ayunos públicos. Aunque la mayoría, por no decir que todas ellas, son aludidas en las Escrituras canónicas, es extremadamente difícil formar una idea clara de cómo fueron guardadas en el Templo. Muchas de las prácticas relacionadas con ellas, tal como se describen en los escritos judíos, o en la actualidad, son de fecha mucho más tardía que los tiempos del Templo, o bien se aplican más bien a las celebraciones festivas en las diversas sinagogas de la tierra que a las del santuario central. Y la razón de esto es evidente. Aunque los que estaban de ocio pudieran gustar ir a Jerusalén para cada fiesta, sin embargo, la gran mayoría del pueblo, naturalmente, se reuniría en las sinagogas de sus pueblos y aldeas, excepto en las grandes fiestas. Por otra parte, estas fiestas y ayunos eran más bien típicos que nacionales - conmemoraban un acontecimiento pasado en lugar de señalar hacia adelante a un hecho importante en el mundo aún por realizarse. Por último, siendo de carácter histórico, de institución humana y no divina, las autoridades de Jerusalén no se atrevieron a prescribirles ritos y sacrificios especiales que, como hemos visto, constituían la esencia del culto al templo.

Organizando estas diversas fiestas y ayunos en el orden de su institución e importancia, tenemos:

La Fiesta de Purim[12]

1. La Fiesta de Purim, "de las suertes", o la Fiesta de Ester, también llamado en 2 Maccab. 15:36 'el día de Mardoqueo', que fue observado en memoria de la preservación de la nación judía en el tiempo de Ester. El nombre 'Purim' se deriva de 'la suerte' que Hamán lanzó en conexión con su malvado deseo.[13] Fue propuesto por Mardoqueo perpetuar el aniversario de esta gran liberación el 14 y el 15 de Adar (a principios de marzo), y universalmente aceptado por los judíos de su tiempo.[14] Sin embargo, según el Talmud de Jerusalén, su introducción general después del regreso de Babilonia formó un tema de preocupación y gran debate entre los ochenta y cinco ancianos -un número que, según la tradición, incluía más de treinta profetas.[15]

---

[12] פּוּר Pur, palabra persa que significa "sorteo" y de la cual deriva el nombre de la fiesta de Purim (Moisés Chávez, Diccionario de Hebreo Bíblico (El Paso, Tx: Editorial Mundo Hispano, 1992), 539).

[13] Est. 3:7; 9:24.

[14] Est. 9:17–24.

[15] Jer. Meguilá, 70 b. El erudito Jost (Gesch. D. Judenth., 1. 42, nota 1) sugiere que estos '85 ancianos' eran en realidad el comienzo de la "gran sinagoga", en la cual muchas de las ordenanzas judías fueron trazadas en épocas posteriores. El número fue después, como Jost piensa, arbitrariamente aumentó a 120, que es el asignado por la tradición a la "gran sinagoga." La gran sinagoga puede ser considerada como la

Incluso esto demuestra que Purim nunca fue más que una fiesta popular. Como tal, se guardaba con gran alegría y regocijo, los amigos y las relaciones solían enviar regalos entre sí. No hay duda de que ésta era la "fiesta de los judíos", a la cual el Salvador subió a Jerusalén;[16] fue en medio de la fiesta que sanó al "paralitico" en el estanque de Bethesda. Ninguna otra fiesta pudo haber habido entre Diciembre[17] y la Pascua[18] excepto la de la «Dedicación del Templo», la cual está especialmente designada como tal,[19] y no simplemente como «una fiesta de los judíos».

Ceremonias de la fiesta

Podemos afirmar que las celebraciones religiosas de Purim comenzaron con un ayuno -el ayuno de Ester- el 13 de Adar. Pero si Purim cayera en un sábado o un viernes, el ayuno fue relegado al jueves anterior, ya que no era lícito ayunar ni en un día de reposo ni en el día anterior. Pero aun así, hubo después disputas entre los judíos en Palestina y la comunidad mucho más grande y más influyente que aún residía en Babilonia en cuanto a este ayuno,[20] lo que parece poner en duda su temprana observancia. En la tarde del 13 de Adar, o más bien a principios del 14, se leía

---

autoridad judía "constituyente" en todas las cuestiones de ritual después del regreso de Babilonia. Por último, Jost sugiere que los 85 miembros originales fueron los signatarios de los "pactos" nombrados en Neh. 10:1-27.

[16] Juan 5:1
[17] Juan 4:35.
[18] Juan 6:4.
[19] Juan 10:22.
[20] Ver Jost, vol. 1. p. 265.

públicamente el Libro de Ester, o de Megilloth[21] («el rollo», como se llama por excelencia), como también en la mañana del día 14, excepto en las antiguas ciudades amuralladas, donde se leyó el día 15.

La Fiesta de la Dedicación del Templo[22]

2. La Fiesta de la Dedicación del Templo, Chanuchah ('la dedicación'), llamado en 1 Maccab. 4: 52-59 "la dedicación del altar", y por Josefo "la Fiesta de las Luces",[23] fue otra fiesta popular y alegre. Fue instituida por Judas Maccabée en 164 a.C, cuando, después de la recuperación de la independencia judía de la dominación siro-griega, el templo de Jerusalén fue purificado solemnemente, el viejo altar contaminado quitado, sus piedras colocadas en un lugar separado en el Templo del Monte, y la adoración del Señor restaurada. La fiesta comenzó alrededor del 25 de Chislev (Diciembre), y duró ocho días. En cada uno de ellos se cantaba el "Hallel", el pueblo aparecía llevando palmas y otras ramas, y había una gran iluminación del Templo y de todas las casas particulares. Estas tres observaciones tienen una semejanza tan notable con lo que sabemos de la Fiesta de los Taber-

---

[21] Megilloth [mĭ gĭl'ŏth] (Heb. Megillôṯ "pergaminos"). Son cinco libros de la Biblia hebrea que se leen en las sinagogas en cinco de las fiestas anuales: Eclesiastés durante la Fiesta de las cabañas o tabernaculo; Ester, Purim (ver Est. 9:23-28); Cantar de los Cantares, Pascua; Rut, Pentecostés; y Lamentaciones, el Noveno día de Ab (el día de luto por la destrucción del templo). Estos libros aparecen juntos en la tercera división (los Escritos) del canon hebreo en este orden: Rut, Cantar de los Cantares, Eclesiastés, Lamentaciones y Ester (Allen C. Myers, The Eerdmans Bible Dictionary (Grand Rapids, MI: Eerdmans, 1987), 706.
[22] También conocido como el "Festival de las Luces" o "Janucá."
[23] Antiq. 12. 7, 7.

náculos, que es difícil resistir la impresión de alguna conexión entre las dos, por lo que el canto diario del "Hallel" y la toma de ramas de palma fueron adoptadas durante la Fiesta de la Dedicación, mientras que la práctica de la iluminación del Templo fue introducida de manera similar en la Fiesta de los Tabernáculos. Todo esto se vuelve más interesante cuando recordamos, por un lado, Fiesta de los Tabernáculos, y por el otro, que la fecha de la Fiesta de la Dedicación -el 25 de Chislev- fecha ésta que también fue adoptada por la antigua Iglesia en su calendario religioso con motivo del nacimiento de nuestro bendito Señor[24] -Navidad- la Dedicación del verdadero Templo, que era el cuerpo de Jesús.[25]

El Origen de este Festival

De la lengua vacilante de Josefo,[26] deducimos que aun en su tiempo se desconocía el verdadero origen de la práctica de iluminar el Templo. La tradición, de hecho, dice que cuando en el templo restaurado se encendía el candelabro sagrado,[27] se encontró que sólo una botella de aceite, sellada con el sello del sumo sacerdote, alimentaba las lámparas. Esto por cierto era aceite puro, pero el suministro apenas era suficiente para un solo día, pero, ese día, por milagro, el aceite aumentó y la jarra de aceite permaneció llena durante ocho días, en memoria de la cual se ordenó que se iluminara el mismo espacio de tiempo, tanto el Templo y como casas particulares. Un erudito escritor

---

[24] La fecha de la Navidad (25 de diciembre) y Fiesta de la Dedicación - el 25 de Chislev coincidían periódicamente.

[25] Juan 2:19. Ver 'Christmas a Festival of Jewish Origin,' in the Leisure Hour for Dec., 1873.

[26] Antiq. 12. 7, 7.

[27] Según la tradición, el primer candelero en ese Templo era de hierro, enlabrado; el segundo de plata, y sólo uno de oro.

judío, el doctor Herzfeld,[28] sugiere que para conmemorar el descenso del fuego del cielo sobre el altar del templo de Salomón,[29] se instituyó la "fiesta de las luces". Lo cierto es que la cabeza de una casa podría encender una vela para todos los miembros de su familia, o bien una vela para cada persona, o en sentido estrictamente religioso, se aumentaría el número de velas para cada individuo en cada tarde hasta completar 8 en ocho días. Pero aquí también había una diferencia entre las escuelas de Hillel y Shammai, la primera observaba la práctica como se acaba de describir, la segunda quemando la mayor cantidad de velas la primera noche, y, de forma descendiente hasta el último día de la fiesta encender la última. En la Fiesta de la Dedicación, como en Purim y las Lunas Nuevas, no se mantendría ningún ayuno público,[30] solo se permitiera el duelo privado.[31]

Las formas de oración en uso en la actualidad por los judíos son de fecha comparativamente tardía, y de hecho los karaítas, que en muchos aspectos representan las tradiciones más antiguas de Israel, no observan la fiesta en absoluto. Pero no hay duda de que nuestro bendito Señor asistió a esta fiesta en Jerusalén,[32] en la cual les dijo a sus discípulos claramente: "Yo y mi Padre somos uno". Esto le da un significado mucho más profundo que el

---

[28] Gesch. d. Volkes Isr., vol. 2. p. 271.
[29] 2 Chron. 7:1.
[30] Taan., 2. 10.
[31] Moed Katon, 3. 9. En consecuencia, la declaración en la Enciclopedia de Kitto. 1. p. 653, dice que el 'luto público' por cualquier 'duelo' no estaba permitido, debía ser corregido, o al menos modificado.
[32] Juan 10:22.

reavivamiento del fuego en la Altar, o incluso a la conexión de esta fiesta con la de los Tabernáculos.

La Fiesta de la Ofrenda de Madera

3. La fiesta de la ofrenda de madera[33] tuvo lugar el 15 de Ab[34] (Agosto) y representa la última de las nueve ocasiones en que se trajeron ofrendas de madera para el uso del Templo (Éxodo 35:24; Levíticos 6:12; 1 Crónicas 29:1-2). Por las otras ocho ocasiones, el Talmud nombra a ciertas familias como especialmente poseedor de este privilegio, que probablemente habían recibido originalmente "por sorteo" en el tiempo de Nehemías.[35] En cualquier caso, los nombres mencionados en la Mishná son exactamente los mismos que los del Libro de Esdras.[36] La explicación que se da en Meg. Ta'anit y Mishnah, 4:5, reseña que nueve familias de Judá trajeron en ciertos momentos durante el año la leña para la quema de los sacrificios sobre el altar, de acuerdo con Neh. 10:34. Esto ocurrió en el día quince de Ab, sin embargo, todo el pueblo, los sacerdotes, así como los levitas, tomaron parte en la ofrenda de madera, por lo cual ese día se conoció como "el tiempo de la madera para los sacerdotes". Las otras ocho temporadas fueron el 20 de Elul (Septiembre), el primero de Tebeth (enero), el primero de Nisán (finales de marzo o abril), el 20 de Thammus (reservado para 'la familia de David'), el 5, el 7, el 10 y el 20 de Ab. Se observará que cinco de estas estaciones caen en el mes de Ab, probablemente porque la madera estaba en mejores condiciones.

---

[33] Mish. Taan. 4.; Jos. Jew. Wars, 2. 17, 6.
[34] Por un error, nuestras copias de Josefo la fijan el día 14.
[35] Neh. 10:34; 13:31.
[36] Ezra 2. Ver Herzfeld, vol. 1. 469; 2. 144.

La Madera utilizada en los Festivales

La madera era primero depositada en una cámara exterior para ser seleccionada. Lo mejor se entregaba a los sacerdotes que eran levititas calificados para este servicio, y ellos almacenaban la madera seleccionada en "la cámara de madera." El 15 de Ab fue observado como una fiesta popular y alegre. En esta ocasión (como en el Día de la Expiación) las doncellas iban vestidas de blanco, para danzar y cantar en las viñas alrededor de Jerusalén, en ese momento se permitía a los jóvenes la oportunidad de seleccionar a sus compañeros de vida. Podemos aventurarnos en una sugerencia para dar cuenta de esta curiosa práctica. Según el Talmud, el día 15 de Ab era el día en que se eliminaba la prohibición que impedía que los participantes se casaran con sus propias tribus.[37] Es muy significativo imaginarse que cuando todo Israel, sin ninguna distinción de tribus o familias, aparecían para hacer sus ofrendas en Jerusalén, estaban en libertad para seleccionar a sus parejas de vida sin las restricciones habituales.

Ayunos: Los cuatro grandes ayunos

4. Ayunos.-Pueden ser agrupados en público y privado, este último era en ocasiones por causa de calamidad personal o necesidad profunda. Sólo el primero reclama nuestra atención. Hablando correctamente, sólo había un ayuno público ordenado por la Divinidad, el del Día de la Expiación. Pero estaba de acuerdo con la voluntad de Dios y con el espíritu de la dispensación del Antiguo Testamento, que cuando grandes calamidades nacionales se esparcían por todo Israel, o se habían levantado grandes deseos nacionales, o se confesaban grandes pecados

---

[37] Comp. Herzfeld, vol 2. p. 144, note 33.

nacionales, debe proclamarse un día de ayuno público y de humillación.[38] A éstos, los judíos añadieron durante el cautiverio de Babilonia, lo que puede llamarse ayunos conmemorativos para recordar los aniversarios de grandes calamidades nacionales. Evidentemente, se trataba de un movimiento religioso poco saludable. Lo que se lamentaba como calamidades nacionales eran verdaderamente juicios Divinos, causados por pecados nacionales, y debían haber sido reconocidos como justos; cuando el pueblo se vuelve de sus pecados es un verdadero arrepentimiento a Dios. Esto, si lo entendemos bien, era el significado de la respuesta de Zacarías[39] a aquellos que preguntaron si los ayunos del cuarto, el quinto, el séptimo y el décimo meses, debían continuar después del regreso de los exiliados de Babilonia. Al mismo tiempo, la investigación muestra que los cuatro grandes ayunos judíos, que, además del Día de Expiación y el ayuno de Ester, todavía se mantienen, fueron observados tan pronto como regresaron del cautiverio babilónico.[40] El ayuno del cuarto mes tuvo lugar el 17 de Thammus (alrededor de junio o julio), en memoria de la toma de Jerusalén por Nabucodonosor y la interrupción del sacrificio diario. A esta tradición se añade, que también era el aniversario de haber hecho el becerro de oro, y de Moisés romper las Tablas de la Ley. "El ayuno del quinto mes", el día 9 de Ab, fue mantenido por la destrucción del primer templo (y después del segundo). Es significativo que el segundo Templo (el de Herodes) fue destruido el primer día de la semana. La tradición dice que en aquel día Dios había pronunciado juicio de que los cadáveres de todos los que habían

---

[38] Ver por ejemplo, Jue. 20:26; 1 Sam. 7:6; 1 Reyes 21:27; 2 Cron. 20:3.
[39] Zac. 7 y 8.
[40] Zac. 8:19.

salido de Egipto debían caer en el desierto. "El ayuno del séptimo mes", el día 2 de Tishri, se dice por tradición que fue en memoria de la matanza de Gedalías y sus asociados en Mizpah.[41] 'El ayuno del décimo mes' fue el 10 de Tebeth, cuando comenzó el sitio de Jerusalén por Nabucodonosor.

Otros ayunos

Además de estos cuatro, del Día de la Expiación y del ayuno de Ester, el calendario judío en la actualidad contiene otros veintidós días de ayuno. Pero eso no es todo. Era costumbre ayunar dos veces por semana[42] entre la semana pascual y Pentecostés, y entre la Fiesta de los Tabernáculos y la de la Dedicación del Templo. Los días designados para este propósito eran el lunes y el jueves de cada semana -porque, según la tradición, Moisés subió al monte Sinaí por segunda vez para recibir las Tablas de la Ley un jueves y volvió a bajar el lunes. En ayunos públicos, la práctica era llevar el arca que contenía los rollos de la ley de la sinagoga a las calles, y arrojar cenizas sobre ella. Todos aparecían cubiertos de cilicio y cenizas. Las cenizas estaban públicamente esparcidas en las cabezas de los ancianos y jueces. Entonces uno más venerable que el resto se dirigiría al pueblo, su sermón se basa en una advertencia como esta: "Hermanos míos, no se dice de los hombres de Nínive que Dios tuvo respeto por su vestimenta rota o su ayuno. Dios vio sus obras, que se apartaron de su mal camino. De manera similar, está escrito en las 'tradiciones' de los profetas: Rasgad vuestro corazón y no vuestras vestiduras, y volved á Jehová vuestro Dios." Mientras tanto, un hombre de edad, cuyo corazón y hogar «Dios había vaciado»,

---

[41] Jer. 41:1.
[42] Lu. 18:12.

para darse por completo a la oración, era elegido para dirigir los devocionales. La confesión del pecado y la oración se mezclaban con los salmos penitenciales.[43] En Jerusalén se reunían en la puerta oriental, y siete veces[44] hasta que la voz de la oración cesaba, entonces a la señal de los sacerdotes se sonaban los shofares y las trompetas de los sacerdotes asignados. En otras ciudades, sólo se soplaban los shofares después de la oración, y la gente se retiraba a los cementerios para llorar con lamento. Para ser un ayuno apropiado, debe ser continuado desde un atardecer hasta después del otro, cuando aparecían las estrellas, y durante unas veintiséis horas se ordenaba la abstinencia más rígida de toda comida y bebida. El lector del Nuevo Testamento sabe cuán tristemente todo esto degenero en mero formalismo,[45] como el ayuno frecuente se convirtió en un simple acto religioso para auto justificarse, en lugar de ser la expresión de una verdadera humillación.[46] La apariencia misma del penitente, sin lavar y con cenizas en la cabeza, llego a ser incluso motivo de jactancia y de espectáculo religioso.[47] Es tan cierto que todos los intentos de penitencia, enmienda y religión, sin el Espíritu Santo de Dios

---

[43] Salmos 102; 120; 121 y 130. Nuestro relato se basa en la Mishná (Taan,2). Pero no hemos dado los Salmos en el orden mencionado, ni reproducido las oraciones y las "bendiciones", porque parecen en su mayoría, si no enteramente, ser de fecha posterior. En general, cada uno de estos últimos basa la esperanza de ser escuchado en algún ejemplo bíblico de liberación en respuesta a la oración, como la de Abraham en el Monte Moriah, de Israel al pasar por el Mar Rojo, de Josué en Gilgal, de Samuel en Mizpa, de Elías en el monte Carmelo, de Jonás en el vientre del gran pez, y de David y Salomón en Jerusalén.

[44] Vea la descripción muy interesante de los detalles en Taan. 2. 5.

[45] Mat. 9:14; Mar 2:18; Lu 5:33.

[46] Lu 18:12.

[47] Mat. 6:16.

y un cambio genuino sólo tienden a enredar al hombre en la trampa del autoengaño, a llenarlo de orgullo espiritual, y aún más a aumentar su alienación real de Dios.[48]

La Fiesta de los Tabernáculos

"En el último y gran día de la fiesta, Jesús se puso en pie y alzó la voz, diciendo: Si alguno tiene sed, venga a mí y beba." - Juan 7:37.

La Fiesta de los Tabernáculos

La más alegre de todas las estaciones festivas en Israel fue la de la "Fiesta de los Tabernáculos". Sucede en una época del año en la cual los corazones del pueblo naturalmente estarían llenos de agradecimiento, alegría y expectación. Todas las cosechas han sido almacenadas durante el año; ahora en esta estación también se recogen todos los frutos correspondientes a la estación, ha pasado la vendimia, y la tierra sólo espera el ablandamiento y el refrescar de la "lluvia tardía", para prepararla para una nueva cosecha. Fue apropiado que, cuando comenzó la cosecha a principio de año se consagrara ésta ofreciendo el primer fruto maduro de cebada y de la cosecha del maíz con los dos panes mecidos, ahora habría una fiesta de la cosecha manifestando agradecimiento y alegría al Señor. Pero eso no era todo. Mientras miraban en torno a la buena tierra, cuyos frutos acababan de enriquecerlos, debían recordar que por intervención milagrosa el Señor su Dios los había traído a esta tierra y se las había dado; desde entonces Dios siempre los considero como Su propio

---

[48] Alfred Edersheim, The Temple, Its Ministry and Services as They Were at the Time of Jesus Christ. (London: James Clarke & Co., 1959), 330–343.

pueblo. De allí que la tierra estaba estrictamente relacionada con la historia del pueblo; y tanto la tierra como la historia estaban relacionadas con la misión de Israel. Si el comienzo de la cosecha había señalado el nacimiento de Israel en su Éxodo de Egipto, el sacrificio de la Pascua les señala el futuro; si la cosecha del maíz estaba relacionada con la ley del Monte Sinaí en el pasado y el derramamiento del Espíritu Santo en el Día de Pentecostés, la cosecha de acción de gracias de la Fiesta de los Tabernáculos recordaba a Israel, por un lado, su morada en cabañas en el desierto, mientras que, por otro lado, señalaba la cosecha final cuando la misión de Israel se completara y todas las naciones se reunirían sumisas al Señor. Así, la primera[49] de las tres grandes fiestas agrícolas anuales habla, en la presentación de la primera gavilla, de la fundación de la Iglesia; la segunda,[50] cuando la Iglesia en su estado presente se presentara como dos panes mecidos; y la tercera[51] apunta hacia la plena cosecha al final, cuando en este monte de Sion el Señor de los Ejércitos hará para todos un banquete de cosas grandes... y destruirá en este monte de Sion toda falsedad, extendiendo un velo de justicia sobre todas las naciones. Él sorberá para siempre la muerte en la victoria; y el Señor Dios enjugará las lágrimas de todo rostro; y la represión de su pueblo (Israel) será quitada de toda la tierra.

Los nombres de la fiesta

El diseño mismo de la Fiesta de los Tabernáculos, aparece no sólo del lenguaje de los profetas y de los servicios peculiares de la

---

[49] Fiesta de Primeros Frutos o Primicias.
[50] Fiesta de las Semanas o de la Cosecha o Pentecostés.
[51] Fiesta de los Tabernáculos (representa la última cosecha y a la lluvia tardía).

misma, sino también de su posición en el Calendario, e incluso de los nombres por los cuales está designada en la Escritura. Así, en la referencia a la cosecha, se la denomina «la fiesta de la cosecha».[52] En la antigua historia de Israel «la fiesta de los Tabernáculos»[53], mientras que su designio simbólico sobre el futuro se pone de relieve como "la fiesta"[54] y "la fiesta de Jehová".[55] En este sentido, también Josefo, Filón y los rabinos (en muchos pasajes de la Mishná) la distinguen de todas las demás fiestas. Es muy decisiva la descripción de la gloria de los últimos días al final de las profecías de Zacarías, donde la conversión de todas las naciones está claramente relacionada con la "Fiesta de los Tabernáculos".[56]

El tiempo de la fiesta

La Fiesta de los Tabernáculos era la tercera de las grandes fiestas anuales (es decir, la que encabeza el tercer grupo de las llamadas fiestas de peregrinación), en la cual cada varón en Israel debía comparecer ante el Señor en el lugar que él debiera escoger. Cae el 15 del séptimo mes, o Tishri (correspondiente a septiembre o principios de octubre), como la Pascua había caído el día 15 del primer mes (mes de Nissan). La importancia de estos números en sí mismos y relativamente no escaparán de la atención, mayormente porque esta fiesta cierra el calendario festivo original. Posteriormente, la fiesta de Purim y "la fiesta de la

---

[52] Ex. 23:16; 34:22.
[53] Lev. 23:34; y especialmente ver el v. 43; Deut. 16:13, 16; 31:10; 2 Crón. 8:13; Esdras 3: 4.
[54] 1 Reyes 8:2; 2 Cron. 5:3; 7:8- 9.
[55] Así, literalmente, en Lev. 23:39.
[56] Zac. 14:16–21.

dedicación del Templo", ambas ocurren en la misma temporada; estas dos son de origen post-Mosaico. La Fiesta de los Tabernáculos, o más bien (como debería llamarse), de "cabañas", dura siete días -desde el 15 al 21 Tishri- y fue seguida por una Octava el 22 de Tishri. Pero este octavo día, aunque estrechamente relacionado con la Fiesta de los Tabernáculos, no forma parte de esa fiesta, como lo demuestra claramente la diferencia en los sacrificios y el ritual, ya que el pueblo no vivía en «cabañas» en el desierto. El primer día de la fiesta, y también su octavo o Azereth (*clausura, conclusio*), debían ser días de "santa convocación"[57] y el séptimo día un "Sábado",[58] no en el sentido del sábado semanal, porque es la festividad del Señor,[59] cuando no se puede hacer ninguna obra servil de ningún tipo.

Seguía muy de cerca el Día de la Expiación

Hay otro punto importante que debe ser notado. La "Fiesta de los Tabernáculos" sigue muy cerca al Día de la Expiación. Ambos ocurrieron en el séptimo mes. El uno el día 10 y el otro el 15 de Tishri. Lo que el séptimo día, o Sabbath, es en referencia a la semana, el séptimo mes parece haber sido en referencia al año. La "Fiesta de los Tabernáculos" cierra no sólo el ciclo sagrado, sino también el año agrícola o de trabajo. También marca el cambio de estaciones, el acercamiento de la lluvia y del equinoccio de invierno; igualmente determina el comienzo y el cierre de un año sabático.[60] El 15 de este séptimo mes, es decir, en luna llena, cuando el mes «sagrado», por así decirlo, alcanza su

---

[57] Lev. 23:35-36.
[58] Lev. 23:39.
[59] Lev. 23:25, 32.
[60] Deut. 31:10.

plenitud, la Fiesta de los Tabernáculos viene apropiadamente cinco días después del Día de la Expiación, en el cual se había quitado el pecado de Israel y restaurado su pacto con Dios. Así, una nación santificada puede celebrar una fiesta santa por la alegría de la cosecha al Señor, tal como en el verdadero sentido será "en ese día",[61] cuando el significado de la Fiesta de los Tabernáculos será realmente cumplido.[62]

Las tres principales características de la fiesta

Tres cosas marcaban especialmente la Fiesta de los Tabernáculos: la felicidad de la fiesta, la morada en "cabañas", y los sacrificios y ritos peculiares de la semana. La primera de ellas fue simplemente caracterizada por una "fiesta de reunión." "Porque el Señor tu Dios te bendecirá en todo tu crecimiento y en todas las obras de tus manos, por tanto, te alegrarás, tú y tu hijo, y tu hija, y tu siervo, y tu sierva, y el levita, y el extranjero, y el huérfano, y la viuda, que están dentro de tus puertas. Y ninguno se presentará delante de Jehová con las manos vacías. Da lo que pueda, conforme a la bendición de Jehová tu Dios que te ha dado. "[63] El voto, el libre albedrío y las ofrendas de paz marcarían su gratitud a Dios; la comida dada al pobre, al levita, al extranjero y a los desamparados indica que todos son bienvenidos por causa del Señor. Por otra parte, cuando la gente veía los cofres del tesoro abiertos y vaciados en esta fiesta por última vez en el

---

[61] Zac. 14:20.
[62] Otro cuadro es dibujado en Oseas 9 donde también parece referirse a la Fiesta de los Tabernáculos (véase especialmente el versículo 5). De hecho, es notable cuántas alusiones a esta fiesta ocurren en los escritos de los profetas, como si sus tipos fueran el objetivo de todos sus deseos.
[63] Deuteronomio 16:13-17

año, recordaban a sus hermanos distantes, en cuyo nombre, así como los suyos, se ofrecían los sacrificios diarios en la festividad. Así, su liberalidad no sólo sería estimulada, sino que todo Israel, por muy disperso que fuera, se sentiría de nuevo ante el Señor su Dios y en los atrios de Su Casa. Había, además, algo de esta fiesta que les recordaba específicamente, no solo su dispersión, sino el haber sido "extranjeros" y peregrinos en la tierra. Su segunda característica era que durante los siete días de su continuación 'todos los nacidos israelitas habitaban en cabañas "para que vuestras generaciones sepan que he hecho que los hijos de Israel habiten en cabañas, cuando los saqué de la tierra de Egipto".[64]

Las cabañas

Como de costumbre, nos encontramos al principio con una polémica entre los fariseos y los saduceos. La ley decía[65] "El primer día os tomaréis el fruto de los árboles hermosos, de las ramas de las palmeras, de las ramas de los árboles espesos y de los sauces del arroyo", a lo cual los Saduceos comprendieron (como lo hace el judío Karaíta moderno) que se refería a los materiales con que se iban a construir las cabañas, mientras que los fariseos lo aplicaban a lo que los adoradores debían llevar en sus manos. Esta última interpretación es, con toda probabilidad, la correcta. Parece confirmado por el relato de la fiesta en el tiempo de Nehemías,[66] cuando las cabañas fueron construidas de ramas de otros árboles que las mencionadas en Levítico 23. Así fue universalmente adoptado en la práctica durante la época de Cristo. La *Mishná* da detalles más minuciosos en cuanto a la

---

[64] Lev. 23:42-43.
[65] Lev. 23:40.
[66] Neh. 8:15, 18.

altura y la construcción de estas "cabañas", el objeto principal es evitar cualquier distorsión de la ley. Así debe ser una cabaña real, construida de ramas de árboles vivos, y únicamente para los propósitos de esta fiesta. Por lo tanto, debe ser lo suficientemente alto, pero no demasiado alto, al menos diez palmos, pero no más de treinta pies. Tres de sus muros (paredes) deben ser de ramas. Debe estar bastante cubierta de ramas, pero no tan sombreada como para no admitir el sol, ni tan abierta como para no tener suficiente sombra, el objeto en cada caso no es sol ni sombra, sino que debe ser un verdadero "lugar" de ramas de los árboles. Es innecesario entrar en más detalles, excepto decir que estas cabañas, y no sus casas, debían ser la morada regular de todos en Israel durante la semana, y que, excepto en una lluvia muy fuerte, debían comer, dormir, orar, estudiar -en suma, dispuestos enteramente a vivir en ellas. Las únicas excepciones estaban en favor de los que estaban ausentes en algún deber piadoso, los enfermos y sus asistentes,[67] mujeres, esclavos y niños que todavía dependían de sus madres.[68] Finalmente, la regla era que "todo lo que pudiera contraer contaminación (tal como tableros, tela, etc.), o lo que no creció de la tierra, no podrían ser utilizados 'en la construcción de los' cabañas '.[69]

Las Ramas de Frutas y Palma

Ya se ha observado que, de acuerdo con la visión universalmente prevalente en la época de Cristo, la dirección en el primer día de la fiesta de "tomar el fruto de buenos árboles, ramas de palmeras y ramas de árboles espesos, y sauces del arroyo ", se aplicaba a lo

---

[67] Succ. 2. 4.
[68] Succ. 2. 8.
[69] Succ. 1. 4.

que los adoradores debían llevar en sus manos. Los rabinos dictaminaban que «el fruto de los buenos árboles» significaba el «aethrog» o «cidra» y «las ramas de árboles gruesos», el *myrtle*, siempre que no tuviera «más *ramillas* que hojas». Los *aethrogs* deben estar sin mancha o deficiencia de cualquier tipo. Las ramas de la palma por lo menos tres palmos de alto, y apto para ser sacudido. Y cada rama debe estar fresca, entera, no contaminada, y no tomada de ninguna arboleda idólatra. Cada adorador llevaba el *aethrog* en su mano izquierda y en su derecha el *lulav*, o palma, con ramas de *myrtle* y sauce a ambos lados de ella, atados juntos en el exterior con su propia especie, aunque en el interior podría ser sujetado incluso con hilo de oro.[70] No cabe duda de que el *lulav* tenía la intención de recordar a Israel las diferentes etapas de su viaje en el desierto, representadas por la diversa vegetación -las palmas recordaban los valles y llanuras, las "ramas de árboles espesos, los arbustos en las alturas de las montañas y los sauces, los arroyos de los que Dios había dado a beber a su pueblo, mientras que el *aethrog* les recordaba los frutos de la buena tierra que el Señor les había dado. El *lulav* fue usado en el Templo en cada uno de los siete días festivos, incluso los niños, si eran capaces de sacudirlo, estaban obligado a llevar uno. Si el primer día de la fiesta cayera un día de reposo, el pueblo traía sus *lulavs* el día anterior a la sinagoga del Monte del Templo, y los traía por la mañana, para no desatender innecesariamente el reposo sabático.

---

[70] Succ. 3. 8.

Las ofrendas

La tercera característica de la Fiesta de los Tabernáculos fue su ofrenda. Eran completamente peculiares. La ofrenda por el pecado para cada uno de los siete días era "un cabrito de la manada." Los holocaustos consistían en bueyes, carneros y corderos, con sus apropiadas provisiones de carne y bebidas. Pero mientras que el número de carneros y corderos seguía siendo el mismo en cada día de la fiesta, el de los bueyes disminuía cada día hasta el último día, "ese gran día de la fiesta". Como no se dan órdenes especiales sobre la ofrenda de bebida, deducimos que era, como suele ser, 1 1/4 de un hin de vino por cada cordero, 1/3 por cada carnero y 1/2 por cada buey (el hin = 1 galón 2 pintas). Tres cosas son notables acerca de estos holocaustos: Primero, son evidentemente el sacrificio característico de la Fiesta de los Tabernáculos. En comparación con la Fiesta de los Panes sin Levadura, el número de carneros y corderos es doble, mientras que el de los bueyes es cinco veces más. En segundo lugar, el número de los sacrificios quemados, era siempre divisible por el número sagrado siete. No perseguiremos el tema tentador de este simbolismo de números más allá de señalar que, mientras que el número sagrado 7 apareció en la Fiesta de los Panes sin Levadura sólo en el número de sus días, y en Pentecostés en el período de su observancia × 7 días después de la Pascua, la Fiesta de los Tabernáculos que dura siete días, tenía lugar cuando el séptimo mes estaba en su plenitud, y tenía el número 7 concebido en sus sacrificios característicos. No es tan fácil explicar la tercera peculiaridad de estos sacrificios: la de la disminución diaria del número de bueyes ofrecidos. La explicación común de que se pretendía indicar la decreciente santidad de cada día sucesivo de la fiesta, mientras que el número sagrado estaba todavía reservado para el último día. Es muy satisfactoria la opinión expuesta en el Talmud donde se explica que no se ofrecían sacrificios para Israel, sino para las naciones del mundo: "Había setenta bueyes, para corresponder al número de las setenta naciones del mundo." ¿Pero entendieron los rabinos el carácter profético de esta fiesta? Una atenta consideración de su peculiar ceremonial convencerá de que debe haber sido muy difícil ignorarlo completamente. Expresa la misión de Israel en el mundo.

El día anterior a la Fiesta de los Tabernáculos -el 14 de Tishri- los peregrinos festivos habían llegado a Jerusalén. Las «cabañas» estaban en los techos, en los patios, en las calles y en las plazas, así como en los caminos y jardines; en el trayecto de un día de reposo, debieron dar a la ciudad y al vecindario un aspecto extraordinariamente pintoresco. La preparación de todo lo que se necesitaba para la purificación del festival, el cuidado de las ofrendas que cada uno traería y las comunicaciones amistosas entre los que debían ser invitados a la comida de sacrificio, sin duda esto ocupaba suficientemente su tiempo. Cuando entraba la tarde en el comienzo del otoño, los sonidos de las trompetas de los sacerdotes en el Monte del Templo anunciaban a Israel el advenimiento de la fiesta.

Servicio Especial en el Templo

Como en la Pascua y en Pentecostés, el altar del holocausto fue purificado durante la primera vigilia nocturna, y las puertas del Templo fueron abiertas inmediatamente después de la medianoche. El tiempo hasta el comienzo del sacrificio ordinario de la mañana se ocupaba en examinar los diversos sacrificios y ofrendas que debían ser traídas durante el día. Mientras se preparaba el sacrificio de la mañana, un sacerdote, acompañado de una alegre procesión con música, bajaba al Estanque de Siloé, de donde sacaba agua en una jarra de oro. Pero los sábados traían el agua de un recipiente de oro reservado en el Templo mismo, la cual había sido llevada de Siloé el día anterior. Al mismo tiempo que la procesión partía hacia Siloe, otra se dirigía a un lugar en el valle de Kedron, cercano al Templo llamado Motza, de donde se traían ramas de sauce las cuales, en medio de las trompetas de los sacerdotes, se colocaban a ambos lados del "altar de la ofrenda quemada", inclinándolas hacia ella para formar una especie de dosel o pabellón de hojas. Mientras el sacrificio ordinario continuaba, el sacerdote que había ido a Siloe tan cronometrando, regresa justo cuando sus hermanos llevaban las piezas del sacrificio para ponerlas en el altar. Al entrar por la "Puerta de Agua" (que obtuvo su nombre debido a esta ceremonia), era recibido por un triple sonido de las trompetas de los sacerdotes. El sacerdote subía luego hacia el altar girándose a la izquierda; allí había dos tazones de plata con agujeros estrechos – el del lado *oriental* un poco más ancho para el vino, y el *occidental* algo más estrecho para el agua. En ellos se derramaba el vino de la libación y al mismo tiempo el agua de Siloé respectivamente; luego el pueblo gritaba al sacerdote: "Levanta tu mano", para demostrar que realmente vertió el agua en el tazón de plata que estaba ubicado cerca de la base del altar. Al compartir los comentarios de los saduceos, Alejandro Jannæus, rey-sacerdote Macabeo (alrededor del 95 a.C), mostro su desprecio por los fariseos derramando el agua en esta fiesta en el suelo, por lo que el pueblo le arrojó con sus *œthrogs*, y lo habría asesinado si sus guarda espaldas no hubiese interferido. En aquella ocasión no menos de seis mil judíos fueron asesinados en el Templo por la gran revuelta.

La Música de la Fiesta

Tan pronto como se derramaba el vino y el agua, empezaba la música del Templo y se cantaba el "Hallel"[71] en la forma prescrita previamente; había acompañamiento de flautas, excepto en el día de reposo y el primer día de la Fiesta, cuando no se permitía tocar la flauta a causa de la santidad de los días. Cuando el coro llegaba a estas palabras,[72] 'Dad gracias al Señor,' y otra vez cuando cantaron,[73] 'Te rogamos, oh Señor: sálvanos ahora', y una vez más al final,[74] 'Dad gracias al Señor,' todos los fieles sacudían sus *lulavs* hacia el altar.

Por tanto, cuando las multitudes de Jerusalén, al encontrarse con Jesús, "...cortaron ramas de los árboles, y las colocaron en el camino, y... gritaban, diciendo: ¡Hosanna...!"[75]. Esto lo hacían en

---

[71] Hallel (Alabad al Señor). Nombre que dan los judíos al grupo de salmos del 113 al 118, que eran considerados como una unidad litúrgica. Estos salmos eran leídos en las fiestas, especialmente durante la Pascua (Alfonso Lockward, Nuevo diccionario de la Biblia (Miami: Editorial Unilit, 1999), 454.

[72] Sal. 118:1.

[73] Sal. 118:25.

[74] Sal. 118:29.

[75] Hosanna (del gr. hōsanna, derivado del heb. hōshī'āh-nā', Sal. 118:25. imperativo hiph'īl: «¡Salva ahora!», o «¡te rogamos que salves!».
Fue la aclamación de la gente cuando Jesús hizo su entrada triunfal en Jerusalén (Mt. 21:9, 15; Mr. 11:9, 10; Jn. 12:13). Según la tradición judía, se recitaba el v. 25 del Sal. 118 una vez cada uno de los primeros seis días de la fiesta de los tabernáculos, mientras se llevaba a cabo una procesión solemne alrededor del altar de los holocaustos. El séptimo día se repetía siete veces. Originalmente, tenía el sentido de una súplica, pero, como lo muestra el contexto de los Evangelios, vino a ser una exclamación de gozo y esperanza. (Samuel Vila Ventura, Nuevo

referencia a Cristo (*el Mesías*), en el momento de lo que se consideraba como una de las principales ceremonias de la Fiesta de los Tabernáculos; oraban para que Dios se manifestara ahora "desde lo alto", del cielo, y manifieste la salvación en conexión con el Hijo de David, lo cual era simbolizada vertiendo el agua en el tazón. Esta misma ceremonia pública en la fiesta de los Tabernáculos fue la que se repitió en la víspera de la Pascua cuando Jesús (el Mesías) entro a Jerusalén; los judíos asociaron que la presencia de Dios venia ya a morar a con su pueblo Israel, el Mesías estaba allí, "listos para liberarlos".

Aunque algunos rabinos consideraron que esa ceremonia era una referencia relacionada con la dispensación de la lluvia, cuya caída anual se pensaba que estaba determinada por Dios en base a esa fiesta. En realidad su aplicación principal y real era para el futuro derramamiento del Espíritu Santo, tal como se predijo en alusión a este mismo rito, por el profeta Isaías.[76] Así el Talmud lo dice claramente: "¿Por qué se le llama por este nombre, La extracción del agua? Por el derramamiento del Espíritu Santo, según lo que se dice: "Con gozo sacarás agua de los pozos de la salvación." Por lo tanto, tanto la fiesta y la alegría peculiar de ella

---

diccionario biblico ilustrado (TERRASSA (Barcelona): Editorial CLIE, 1985), 509.

[76] Isaías 12:3. Por supuesto, uno u otro de estos dos puntos de vista está abierto a reflexión; primero, las palabras de Isaías se basaron en la ceremonia del vertido de agua, o segundo, que esta ceremonia se derivó de las palabras mismas de Isaías. En cualquier caso, sin embargo, nuestra inferencia de ella se mantiene. Es justo agregar, que por algunos la expresión "agua" en Isa. 12: 3 se aplica a la "ley". Pero esto no vicia en modo alguno nuestra conclusión, ya que los judíos esperaban que la conversión general de los gentiles fuera una conversión al judaísmo.

son designados igualmente como los de «La extracción del agua», pues, según las mismas autoridades rabínicas, el Espíritu Santo no habita en el hombre sino sólo en el gozo.[77]

Las vueltas alrededor del altar

Un simbolismo similar fue expresado por otra ceremonia que tenía lugar al final, no del diario sino al final de los sacrificios festivos. En cada uno de los siete días los sacerdotes se formaban en procesión y daban vueltas alrededor del altar cantando: te rogamos, oh Señor: ¡prospéranos ahora![78] Pero el séptimo día, "el gran día de la fiesta", daban vueltas alrededor del altar siete veces, recordando cómo las murallas de Jericó habían caído en circunstancias similares, y anticipando cómo la misma intervención directa de Dios, hará caer los muros del paganismo, y la tierra este abierta para que su pueblo entero entre y la posea.

Las referencias en Juan 7:37[79]

Podemos ahora en cierta medida realizar el acontecimiento registrado en Juan 7:37. Las festividades de la Semana de los Tabernáculos llegaban a su fin. "Fue el último día, aquel gran día de la fiesta." Obtuvo este nombre en parte porque está cerca de una "santa convocación",[80] y en parte por las circunstancias explicita en los escritos rabínicos que la designaban como el "Día del Gran Hosannah"; se explica que se dan siete veces vueltas

---

[77] Literal: "solo a través del gozo".
[78] Sal. 118:25b.
[79] "Y en el último día, el gran día de la fiesta, Jesús puesto en pie, exclamó en alta voz, diciendo: Si alguno tiene sed, que venga a mí y beba."
[80] El Día del Sacrifico o Yom Kippur.

alrededor del altar exclamando "Hosannah". También se le llama "Día de los Sauce" y "Día de Batir las Ramas". Todas las hojas de sauce eran sacudidas de las ramas y las palmas batidas colocadas a los lados del altar. Fue en ese día, después de que el sacerdote había regresado de Siloe con su jarra de oro que por última vez vertía su contenido en la base del altar. Después de que el "Hallel" hubiera sido cantado al son de la flauta, las personas que respondían y adoraban según los sacerdotes indicaban al sonido de trompetas; tres veces sonaban sus trompetas de plata - justo cuando el interés del pueblo había sido elevado a su nivel más alto, en medio de la masa de adoradores que agitaban hacia el altar *un bosque* de ramas frondosas cantando las últimas palabras de Salmo 118. Entonces resalto una voz que resonaba a través del Templo que sorprendía a la multitud trayendo miedo y rechazo a los corazones de sus líderes. Era Jesús que 'se levantó y clamó, diciendo: 'Si alguno tiene sed, venga a mí y beba'. Entonces, por fe en él, cada uno se convierte verdaderamente en un estanque de Siloé, y desde su interior fluirán ríos de aguas vivas.[81] Esto decía del Espíritu, que debían de recibir los que creen Él. Así, el significado del rito en el que acababan de tomar parte no sólo se explicaba plenamente, también se señaló su cumplimiento. El efecto fue instantáneo. Muchos, al oír estas palabras pensaron que Jesús era el Profeta. Otros dijeron: "Este es el Cristo". Incluso la guardia del templo, cuyo deber habría sido en tales circunstancias detener a alguien que había interrumpido los servicios del día, quedaron tan impresionados que no se atrevieron a poner las manos sobre él. «Jamás hombre habló como este hombre», era el único relato que podían expresar en respuesta a los reproches de los principales sacerdotes y

---

[81] Juan 7:38

fariseos. Sin embargo, la represión de las autoridades judías fue obvia. Pero uno de ellos había sido profundamente conmovido por la escena que acaban de presenciar en el Templo, Nicodemo quien, tímido como de costumbre, se apoderó de un punto legal para defenderle. Después que los fariseos examinaron la confesión pública de Jesús ignorando en corazón de la ley, Nicodemo, en la forma auténticamente rabínica, sin enfrentarse a los oponentes pregunto: '¿Juzga nuestra ley a cualquier hombre antes de que lo oiga y se sepa lo que hace?'

El hombre nacido ciego

Pero las cosas no terminaron con las disputas de los sacerdotes y los fariseos. La prueba que Nicodemo les había invitado a indagar más sobre la enseñanza y los milagros de Cristo estaba a punto de ser expuesta ante el pueblo y sus gobernantes con la investigación sobre la curación del ciego. Esta sanidad también fue en alusión al ceremonial de la Fiesta de los Tabernáculos. La Escritura narra que Jesús, al ver al "hombre ciego desde su nacimiento", dijo: "...Mientras estoy en el mundo, yo soy la luz del mundo".[82] Habiendo dicho esto, escupió en tierra, e hizo barro con la saliva y le untó el barro en los ojos, y le dijo: Ve y lávate en el estanque de Siloé (que quiere decir, Enviado). Las palabras "Yo soy la luz Del mundo" son las mismas que acababa de pronunciar en el Templo[83] y con toda seguridad habrían tenido la intención de señalar otra ceremonia muy peculiar que tenía lugar en la Fiesta de los Tabernáculos. En las palabras de la Mishná,[84] el orden de los servicios para esa fiesta era como sigue:

---

[82] Juan 9:5
[83] Juan 8:12
[84] Succah 5. 2, 3, 4.

Se iba primero a ofrecer el sacrificio diario por la mañana, luego los sacrificios adicionales; después de eso las ofrendas votivas y voluntarias. De allí se pasaba a la comida festiva, luego al estudio de la ley, y después de eso se ofrecía el sacrificio de la tarde. Allí se experimentaba el gozo del derramamiento del agua. Es esta alegría de derramamiento del agua que se descrita a continuación.

Las Ceremonias en la Corte de las Mujeres

Al final del primer día de la fiesta, los adoradores descendían a la Corte de las Mujeres, donde se habían hecho grandes preparativos. Allí estaban cuatro candelabros de oro (4 Menoras), cada uno con cuatro tazones de oro, y sobre ellos descansaban cuatro escaleras. Luego cuatro jóvenes de ascendencia sacerdotal, cada uno con una jarra de aceite, llenaban cada tazón. Vestían un vestuario ceremonial fajados; estos sacerdotes servían mechas a estas lámparas. No había una "corte oficial" en Jerusalén que no estuviera iluminado por la luz de «la casa del agua derramada». Los «Jasidim» y «los hombres de los Hechos» danzaban ante el pueblo con antorchas encendidas en sus manos y cantaban Himnos y cantos de alabanza. Los levitas tenían arpas, instrumentos de cuerdas, címbalos y trompetas; había todo instrumentos de música sin número; todos se levantaban hacia los quince pasos que conducían de la corte de Israel al de las mujeres; según este número, son quince las canciones De Grados en el Libro de Salmos. Se paraban con sus instrumentos de música y cantaban himnos. Dos sacerdotes, con trompetas en sus manos, estaban en la puerta superior (la de Nicanor), que conducía de la Corte de Israel a la de las Mujeres. Con el canto de los gallos se sonaba tres veces las trompetas. A medida que llegaban al décimo peldaño, se sonaba de nuevo tres veces las trompetas. Cuando entraban en la corte sí mismo, nuevamente se sonaba tres veces más las trompetas. Y así sonaba las trompetas a medida que avanzaban, hasta llegar a la puerta que se abre sobre el este (la Puerta Hermosa). Cuando llegaban a la puerta del oriente, se volvían hacia el oeste, y decían: "Nuestros padres que estaban en este lugar dieron la espalda al Santuario de Jehová y sus rostros hacia el este, y adoraban hacia el sol naciente; pero en cuanto a nosotros, nuestros ojos están hacia el Señor."

Un fragmento de uno de los himnos cantados esa noche se ha conservado. Fue cantado por los 'Jasidim', 'los hombres de los Hechos' y por aquellos que hicieron penitencia en su vejez por los pecados de su juventud:

Los Jasidim y los hombres de los Hechos

'¡Oh gozo, que nuestra juventud, devoción y sabiduría!

¡No traiga vergüenza a nuestra vejez!

Los penitentes

Oh, gozo, podemos en nuestra vejez

¡Repara los pecados de la juventud, no de la sabiduría!

Ambos al unísono

Sí, feliz aquel que sobre la culpa temprana descansa,

Y el que, habiendo pecado, está ahora con perdón bendito.

Significado de la iluminación

Está claro que esta iluminación del Templo fue considerada como parte de, y que tiene el mismo significado simbólico que "el derramamiento del agua". La luz que resplandece del Templo en la oscuridad alrededor, e iluminando cada corte en Jerusalén, debe haber sido concebido como un símbolo no sólo de la Shejiná (*Shekina*) que una vez llenó el Templo, sino de esa "gran luz" que "el pueblo que caminaba en tinieblas" debía ver y que debía brillar "sobre los que moran en la tierra de la sombra de la muerte".[85] Ciertamente profecías como Isaías 9 y 60 estaban conectadas con este simbolismo. Además, es muy probable que Jesús se haya referido a esta ceremonia en las palabras que pronunció en el Templo en esa misma Fiesta de los Tabernáculos: "Yo soy la luz del mundo; el que me sigue no andará en tinieblas, sino que tendrá la luz de la vida".[86]

Los Seis Días Menores

Sólo el primero de los siete días de esta fiesta fue "una santa convocación", los otros seis eran "fiestas menores." Cada día, además de los sacrificios ordinarios de la mañana y de la tarde, las ofrendas festivas prescritas en Num. 29: 12-38 fueron traídas. Los Salmos cantados en la libación después de los sacrificios festivos (o *Musaph*, como se les llama), fueron para el primer día de la fiesta, Sal. 55. Para el segundo día el Sal. 29. Para el tercero, Sal. 50 desde el verso dieciséis. Para el cuarto, Sal. 94 desde el verso dieciséis. Para el quinto, Sal. 94, desde el verso ocho; Para el sexto, Sal. 81, desde el verso seis. Para el último día de la fiesta, Sal. 82, desde el verso cinco. A medida que el pueblo se retiraba de las inmediaciones del altar al final de cada día de servicio, exclamaban: ¡Qué hermoso eres tú, oh altar! - o, según una versión posterior, "Damos gracias a Jehová y a ti, Oh Altar".

---

[85] Isaías 9:2
[86] Juan 8:12

Todas las veinticuatro órdenes del sacerdocio se dedicaban a las ofrendas festivas que se repartían entre ellos según reglas definidas; se fijaba también el cómo se dividirían las cuotas entre los sacerdotes. Por último, en cada año sabático la ley debía ser leída públicamente el primer día de la fiesta.[87]

En la tarde del séptimo día de la fiesta, el pueblo empezaba a moverse las «cabañas», porque para el día octavo, el 22 de Tishri, ya no vivirían más en cabañas ni usarían el *lulav*. Es significativo que fue observado como "una santa convocación", ya que los sacrificios festivos prescritos en Num. 29: 36-38 fueron ofrecidos.

El Derramamiento y la Iluminación post-Mosaica

Se ha observado que las dos ceremonias más importantes de la Fiesta de los Tabernáculos -el derramamiento del agua y la iluminación del Templo- eran de origen post-mosaico. Según la tradición judía, la columna de nube durante el día y de fuego por la noche había aparecido por primera vez a Israel el día 15 de Tishri, el primer día de la fiesta. En aquel día también se dijo que Moisés había descendido del monte y anunciado al pueblo que el tabernáculo de Dios debía ser edificado entre ellos. Sabemos que la dedicación del Templo de Salomón y el descenso de la Shejiná (*Shekina*) tuvieron lugar en esta fiesta. Hay una gran alusión de esta descripción a las cosas celestiales: "Después de esto vi, y he aquí un una gran multitud, que nadie podía contar, de todas las naciones y tribus, y pueblos y lenguas, se pararon delante del trono y delante del Cordero, vestidos con ropas blancas y palmas

---

[87] Deut. 31: 10-13. En épocas posteriores sólo se leyeron ciertas porciones, siendo la ley en su conjunto suficientemente conocida por las prelecciones semanales en las sinagogas.

en sus manos; y clamaron a gran voz, diciendo: Salvación a nuestro Dios, que está sentado en el trono y al Cordero.[88]

Queda por sentado que las dos grandes ceremonias del "derramamiento del agua" y "la iluminación del Templo", fueron parte de la Fiesta de Tabernáculos donde Jesús tomo participación activa.[89]

---

[88] 1 Reyes 8; 2 Crón. 7.

[89] Alfred Edersheim, The Temple, Its Ministry and Services as They Were at the Time of Jesus Christ. (London: James Clarke & Co., 1959), 268–287.

La Iglesia como Candelabro

La figura de la iglesia como candelero aparece en Apocalipsis 1:9–20. Dice el versículo 20: "Esta es la explicación del misterio de las siete estrellas que viste en mi mano derecha, y de los siete candelabros de oro: las siete estrellas son los ángeles de las siete iglesias, y los siete candelabros son las siete iglesias."

El candelero o candelabro en cuestión es la *menorah* del Antiguo Testamento, que tenía siete brazos y se utilizaba como objeto sagrado del culto, haciéndolo arder día y noche en el Tabernáculo. La figura destaca la finalidad principal de la iglesia, que es la de alumbrar a Cristo y reflejarlo (Ap. 1:12-13).[90]

La lámpara de siete luces (Ex. 25.31-40)

Análisis de discurso

La lámpara de siete luces (ver el v. 31 para la traducción de *menoráh*) es otro de los objetos principales del santuario (junto con el arca y la mesa), pero con el tiempo devino en un símbolo central del pueblo judío y de su fe. Aun cuando su descripción es muy detallada en este texto, hay varios elementos que están ausentes o que son ambiguos. Es curioso que no se indique la altura de la lámpara, ni el grosor de sus brazos, ni si las pequeñas lámparas que dan la luz son parte del cuerpo o se extraen y recambian; tampoco se dice de qué material estaban hechas (de oro o de la clásica cerámica). Sí es claro que la lámpara tenía una función práctica, que era la de iluminar el santuario durante los servicios nocturnos. Se indica que las luces debían dirigirse hacia

---

[90] Pablo A. Deiros, *La Iglesia Como Comunidad de Personas*, Formación Ministerial (Buenos Aires: Publicaciones Proforme, 2008), 214.

delante, a fin de mejorar su capacidad lumínica, y no hacia arriba, como podría suponerse para el caso de un simple objeto ornamental.

Título: Las diversas versiones utilizan en el título «el candelabro», lo que a nuestro criterio supone una traducción incorrecta del término hebreo *menoráh* (ver v. 31). Proponemos "La lámpara de siete luces".

Análisis textual y morfosintáctico

25.31 En los versículos siguientes hay palabras y frases que se repiten, aunque el sentido es, en general, claro y discernible. Frente a esto, TLA opta por reordenar los versículos 31-36, construyendo un solo párrafo y simplificando la descripción. Esto sólo se puede asumir si el traductor considera que el orden y las repeticiones del texto hebreo hacen incomprensible la lectura, o la complican de tal modo que es preciso acudir a un recurso extremo de clarificación.

Un candelabro: Con esta palabra se traduce el término hebreo *menoráh*, que en muchos lugares se utiliza transliterado para evitar una traducción dudosa. El objeto descrito es una gran lámpara de pie con seis brazos que brotan del tallo central, sumando así siete brazos. En la parte superior de cada brazo se colocaba una pequeña lámpara de aceite. La palabra **candelabro** supone la colocación de velas en sus extremos, un elemento anacrónico, dado que las velas no existieron sino hasta el tiempo del Imperio Romano. Este anacronismo ha generado dibujos de la *menoráh* totalmente ajenos a la realidad. Proponemos traducir "harás una lámpara de siete luces", o, simplemente, "harás una lámpara".

___

TLA Traducción en Lenguaje Actual

En este versículo se describen cinco detalles de la estructura de esta lámpara que son de compleja traducción. Sugerimos seguir la terminología de RV95 (**pie**, **caña**, **copas**, **manzanas** y **flores**) con excepción de **manzanas** (ver abajo nuestro análisis). No es sencillo reconstruir visualmente, con precisión, el objeto presentado sobre la base de esta descripción. Sin embargo, hay varias ilustraciones tentativas que pueden ayudar a dar una idea aproximada de su forma real (ver ilustración en Osborn-Hatton, p. 601).

Pie: También puede decirse "base" de la lámpara.

Caña: Se refiere al «tronco» (TLA) central de la lámpara. Puede decirse también «tallo» (NVI).

Copas: Probablemente una cavidad semiesférica.

Manzanas: No es una traducción correcta. Es preferible «cálices» (NVI, DHH), la parte exterior de las flores. De ser así, tendrían la forma de una flor abierta. Esta palabra se repite varias veces en los versículos 33-36.

Flores: Otros traducen «pétalos» (DHH). Si para traducir la palabra anterior se usó «cálices» (NVI, DHH), para traducir aquí debería preferirse «pétalos».

RV95 Reina-Valera, 1995

TLA Traducción en Lenguaje Actual

NVI Nueva Versión Internacional

NVI Nueva Versión Internacional

DHH Dios Habla Hoy, Versión Popular

DHH Dios Habla Hoy, Versión Popular

NVI Nueva Versión Internacional

25.33-36 Flor de almendro: El término hebreo puede también referirse al pimpollo del almendro. Es difícil determinar su sentido exacto.

Manzanas: Ver el versículo anterior.

25.37 Siete lámparas: Aquí se utiliza la palabra hebrea habitual para "lámpara". El texto no indica si estas lámparas son parte de la *menoráh* o son extraíbles, ni de qué material debían ser hechas. Si nos fundamos en Números 8.1-4, todo indicaría que no son parte del cuerpo principal de la *menoráh*. Normalmente, las lámparas de aceite eran de barro cocido, aunque en 37.23 se dice que estas eran de oro puro.

Hacia adelante: Significa que las mechas de las lámparas debían colocarse hacia el frente para que iluminaran mayormente en esa dirección.

25.38 Sus despabiladeras y sus platillos: Son herramientas para el mantenimiento de las lámparas. Las **despabiladeras** servían para retirar las mechas quemadas, y los **platillos**, para colocar estos residuos. No se indica la cantidad que se debe fabricar.

25.39 Un talento de oro fino: No estamos seguros de cuánto peso representa esta medida, debido a que en el Antiguo Testamento coexisten varios sistemas de medida simultáneamente. Se asume que un talento podría equivaler a 35 o 40 kilogramos, y hay quienes fijan su peso en 32 kilogramos. El traductor debe evaluar en función de la lengua receptora si es mejor mantener la denominación bíblica —quizás con una nota al pie, indicando el valor aproximado en kilogramos— o traducir de manera tentativa, registrando el peso directamente en kilogramos.

DHH Dios Habla Hoy, Versión Popular

Con todos estos utensilios: Se refiere a la lámpara con las despabiladeras y platillos. Podría indicar también que las pequeñas lámparas eran de oro.

25.40   Mira y hazlos conforme al modelo: Esto podría dar la sensación de que Dios mostró un modelo de *menoráh* a Moisés, aunque todo indica que la descripción fue dada en palabras y no en imágenes visuales. A la vez, hay que tener en cuenta que este versículo se debe aplicar no sólo a la lámpara, sino también al arca y a la mesa. Nótese en este sentido el plural en la palabra **hazlos**, que alude a los tres objetos ya presentados. Este plural debe preservarse. Otra excelente traducción, que mantiene este sentido, es «procura que todo esto sea una réplica exacta de lo que se te mostró en el monte» (NVI).[91]

El candelabro, obviamente, tenía la función de proporcionar luz. Una vez incorporados en el templo (tabernáculo) de Dios, nosotros también necesitamos ser iluminados; y Cristo es nuestra luz. Necesitamos entendimiento y comprensión; Cristo es nuestra sabiduría.

> *Yo soy la luz del mundo; el que me sigue, no andará en tinieblas, sino que tendrá la luz de la vida... Andad entre tanto que tenéis luz, para que no os sorprendan las tinieblas; porque el que anda en tinieblas, no sabe a dónde va. Entre tanto que tenéis la luz, creed en la luz, para que seáis hijos de luz... Yo, la luz, he venido al mundo, para que todo aquel que cree en mí no permanezca en tinieblas (Juan 8:12; 12:35–36, 46).*

NVI Nueva Versión Internacional

[91] Pablo R. Andiñach, *Éxodo*, Comentario Para Exegésis Y Traducción (Miami, FL: Sociedades Bíblicas Unidas, 2008), 292–295.

Iluminados con la luz de Cristo, nosotros también somos llamados a resplandecer en medio de las tinieblas. Aquel que se llamaba *la luz del mundo* dice a los suyos: *Vosotros sois la luz del mundo... Así alumbre vuestra luz delante de los hombres, para que vean vuestras buenas obras, y glorifiquen a vuestro Padre que está en los cielos* (Mateo 5:14-16).[92]

---

[92] David F. Burt, *Mediador de Un Mejor Pacto, Hebreos 7:1–9:22*, vol. 133, Comentario Ampliado Del Nuevo Testamento (Terrassa (Barcelona): Editorial CLIE, 1994), 199–200.

El Candelabro de Dios como la Luz de los Hombres: Misterios sobre la Menora

La 'menorá' es el símbolo bíblico por excelencia. Su fina simetría lineal exhibe una excepcional belleza que es refrescante y vigorizante al espíritu humano. Desde el punto de vista estético, es una decoración atractiva para cualquier hogar o santuario. Pero a la misma vez, la 'menorá' evoca poderosas imágenes del Divino, evidenciando al admirador que ésta es más que una mera pieza artística. Es un símbolo de lo celestial que trasciende la imaginación de artistas terrenales.

Aunque la 'menorá' fue originalmente diseñada para alumbrar el Lugar Santo en el Tabernáculo mientras los israelitas vagaban por el desierto, hoy día ha llegado a ser un símbolo de Israel. Después de pasado XIX siglos, la nación de Israel ha sido restaurada, y los modernos israelíes escogieron usar la 'menorá' como símbolo en su sello nacional, testimonio a la perdurable importancia en la conciencia colectiva judía. La antigua 'menorá' todavía testifica acerca del inextinguible e irresistible poder de la luz.

Debido a la extrema atención otorgada al diseño de la 'menorá', es evidente que su importancia estriba más en su simbolismo que en su utilidad práctica. Dios ordenó a Moisés que hiciera "un candelero de oro puro; labrado a martillo se hará el candelero;...y saldrán seis brazos de sus lados; tres brazos del candelero a un lado, y tres brazos al otro lado" (Ex. 25:31-32).

La 'menorá' es un símbolo concreto de Dios mismo, la verdadera fuente de luz. La lumbrera del medio es llamada por los judíos como la lámpara de Dios: 'Elohim'. David exclamó: "Tú eres mi lámpara, oh Jehová; Mi Dios alumbrará mis tinieblas" (2 Sam. 22:29). De esa manera, David identificó a Dios como la 'menorá' que alumbra en medio de la oscuridad. El salmista también describió a Dios como "...El que se cubre de luz como de vestidura..." (Sal. 104:2).

En vez de decorarse Dios con los brillantes colores asociados con deidades paganas del antiguo mundo, Dios siempre se ha vestido de luz blanca y pura. La majestad de Dios iluminaba el Templo como la llama de un radiante candelabro.

La Palabra Divina, el Candelabro Dios

No es mera coincidencia que David dijera que la Palabra de Dios era luz a su camino: "Lámpara es a mis pies tu palabra, y lumbrera a mi camino" (Sal. 119:105). De la misma manera en que una antorcha infunde confianza al que anda por una estrecha vereda una noche sin luna, también la Palabra de Dios ofrece dirección a la humanidad que anda sin luz, y lo encamina para que llegue a las puertas de vida eterna. Sin una clara visión del camino, la humanidad se desenfrena (Prov. 29:18). La Palabra de Dios es como una luz que brilla en medio de la oscuridad, señalando claramente por dónde andar. Encamina al justo hacia el "Lucero de la Mañana", quien amanece en el corazón de cada creyente. "Tenemos también la palabra profética más segura, a la cual hacéis bien en estar atentos como a una antorcha que alumbra en lugar oscuro, hasta que el día esclarezca y el lucero de la mañana salga en vuestros corazones" (1 Pedro 1:19). La Palabra de Dios dispersa la oscuridad, la confusión, la ignorancia, el temor, la superstición y todos los peligros inherentes a la existencia humana. A pesar de que la condición del ser humano sea tan oscura, un pequeño rayo de la Palabra Eterna disuelve la oscuridad y trae claridad de propósito. Marca claramente el camino hacia el árbol de vida, de modo que el que anda, por torpe que sea, no se podrá extraviar (Is. 35:8).

La luz de la 'menorá' corresponde a la 'Torá', la Ley de Dios, cuya llama eterna siempre alumbra el camino a la humanidad. Todas las instrucciones de Dios son luz espiritual para los hombres. Salomón resumió los Diez Mandamientos de Dios de la siguiente manera: "Porque el mandamiento es lámpara, y la enseñanza es luz, y camino de vida las represiones que te instruyen..." (Prov. 6:23). Los mandamientos de Dios son claros, y alumbran los ojos (Sal.19:8).

Más adelante, en la plenitud de los tiempos, Dios reveló Su esencia y gloria cuando habló a la humanidad por medio de Su Hijo Unigénito, Jesús ('Yeshúa') el Mesías de Israel y el Salvador del mundo. El conocimiento de la gloria de Dios fue revelado en Su totalidad por medio de 'Yeshúa' (2 Cor. 4:6). La Fuente de Vida salió de la propia esencia del Eterno Padre en la Persona del Unigénito, y manifestó la luz de Dios para que los hombres fuesen, y continúen siendo, iluminados. El candelabro de Dios, la 'menorá' encarnada, trajo la esencia del cielo a la tierra. Fue la Luz de los Hombres para que los seres humanos de toda tribu y lengua fuesen iluminados y atraídos hacia la Divina Presencia con la promesa de ser vestidos con la misma luz gloriosa y vida eterna que se manifiesta en 'Yeshúa', el Candelabro de Dios y la Luz de los Hombres (Juan 1:4-5, 9). 'Yeshúa' mismo dijo: "Yo soy la luz del mundo; el que me sigue, no andará en tinieblas, sino que tendrá la luz de la vida" (Jn. 8:12).

El Significado de la Luz

El primer acto en la creación de nuestro universo fue producto de la Palabra de Dios: "Sea la luz" (Gén. 1:3). Repentinamente, surgió en medio de la oscuridad universal una luz que arropó el vacío del universo con la brillantez de Su eterna gloria. Es de profundo significado que lo primero que Dios creó fue la luz. En cierta medida, la luz que se presenció fue resultado de haber emitido parte de Su propia esencia por medio de la Persona de Su Palabra (o Verbo). La manifestación de la Palabra de Dios siempre produce luz (Salmo 119:130), una luz que penetra todas las esferas, desde la esfera más baja de lo natural hasta la esfera más elevada de lo espiritual, y todo lo que es luz se une a Él, quien es la Luz.

En las Escrituras, la luz se asocia tanto con el conocimiento como con la sabiduría. Por esta razón, la 'menorá' habla de iluminación-aprendizaje, entendimiento y comprensión. La luz del conocimiento hace que la vida sea significativa y satisfacien-te. La luz también habla acerca de la sabiduría en todas sus formas. El hecho de que la 'menorá' del Templo fuese formada de una sola pieza de oro puro, y no de piezas unidas entre sí, implica que la sabiduría tiene una sola Fuente. La 'menorá' evidencia que el conocimiento no se limita a una sociedad especial y exclusiva, sino que es accesible a todo hombre. La luz de la 'menorá' se manifiesta por medio de la diversidad de siete llamas, y no se limita a un sólo recipiente. Eso indica que todo ser humano tiene la capacidad de recibir y reflejar la luz. Lo único que se requiere es estar conectado a la fuente de luz, la 'Menorá' Viviente. La luz conduce al conocimiento y la acción, a medida que el Espíritu da comprensión y sabiduría, y produce en el ser humano el deseo de una vida moral y la realización plena de una vida perfecta.

El Árbol de Vida

La semejanza entre una 'menorá' y un árbol no es simple coincidencia, ni es producto de una imaginación fecunda. La forma de la 'menorá', cuyas ramas brotan de un tallo central, es claramente diseñada en imitación de un árbol. El pueblo judío siempre ha creído que la 'menorá' representa el árbol de vida. El candelabro es claramente un símbolo de la palabra de Dios, la que era lámpara para los pies de David (Sal. 119:105). El árbol de vida también es identificado con la 'Torá', la sabia Palabra de Dios. Salomón declaró que la sabiduría "es árbol de vida..." (Prov. 3:18). En el Apocalipsis, Dios dijo que aquellos que guardan Su Palabra tienen "derecho al árbol de la vida..." (Apoc. 22:14). Aún sin las llamas de fuego, la forma de la 'menorá' encierra gran significado, un mensaje acerca de la fuerza vivificante de Dios y el divino fundamento para toda existencia.

Moisés y la Zarza Ardiendo en el desierto

La combinación del árbol y el fuego se encuentra en la impresionante "zarza ardiente", por medio de la cual Dios inició el proceso de establecer a Su Pueblo Escogido. Dios mismo pronunció Sus Palabras divinas desde un arbusto que ardía sin consumirse (Ex. 3:2). Quizás ésta fue una manifestación preliminar a Moisés, el que más tarde liberaría a Israel, sobre el rico simbolismo de la 'menorá'. Deuteronomio 33:16 dice que Quien "habitó en la zarza" se manifestó a Moisés desde un arbusto ardiente. Desde el fuego de la 'Shekiná' salió la Palabra de Dios. De esa manera, la 'menorá' es como un árbol dorado, de cuya llama proviene la luz y la vida de la Palabra de Dios. (*Abajo mostramos un gran descubrimiento*)

Descubrimiento reciente (2017) por la Universidad Hebrea de Jerusalén: Medallón de Oro, de diez centímetros de diámetro, con una menorah, un shofar, y un Rollo de la Torá. (Más de 1400 años de edad). Abajo vemos descripción de la menorah como "árbol de vida".

Traducción: La Menora el Arbol de la Vida (La Luz del Mundo)

La 'menorá' también habla acerca de la vida eterna a través de la resurrección. Su aspecto de árbol, además de la forma en que se reproduce, nos da una enseñanza muy clara. Según la ley divina, el aceite puro para el candelabro tenía que venir exclusivamente del olivo. Los de la antigüedad consideraban al olivo como inmortal, por lo cual este árbol representaba la vida eterna. Actualmente, sobreviven algunos olivos de más de 2,000 años en el Jardín de Getsemaní sobre el Monte de los Olivos. Cuando se corta un olivo por el tronco, brota nueva vida de sus raíces en la forma del retoño, o 'netzer'.

Viejo árbol de Olivo

Seguro que Job se refería al olivo cuando dijo: "Porque si el árbol fuere cortado, aún queda de él esperanza; Retoñará aún, y sus renuevos no faltarán. Si se envejeciere en la tierra su raíz, y su tronco fuere muerto en el polvo, al percibir el agua reverdecerá, y hará copa como planta nueva" (Job 14:7). En lo que pudiera ser el más antiguo de todos los textos bíblicos, Job expresó su esperanza personal en la futura resurrección: "Si el hombre muriere, ¿volverá a vivir? Todos los días de mi edad esperaré, hasta que venga mi liberación. Entonces llamarás, y yo te responderé; tendrás afecto a la hechura de tus manos... Yo sé que mi Redentor vive, y al fin se levantará sobre el polvo; y después de deshecha esta mi piel, en mi carne he de ver a Dios" (Job 14:14-15; 19:25).

Israel, el Candelabro de Dios

El pueblo judío interpreta que las siete llamas de la 'menorá' son las almas de Israel en manera colectiva, siendo así luz a las naciones (Is. 42:6; 49:6). Desde el tiempo en que Dios constituyó a Israel como nación escogida, le ordenó que guardara Sus mandamientos y lo comisionó para que fuera lumbrera al mundo. "Guardadlos, pues, y ponedlos por obra; porque esta es vuestra sabiduría y vuestra inteligencia ante los ojos de los pueblos, los cuales oirán todos estos estatutos, y dirán: Ciertamente pueblo sabio y entendido, nación grande es esta" (Deut. 4:6). Israel debería ser ejemplo ante las naciones de una vida regida bajo las instrucciones de Dios. Sus vidas bendecidas y exitosas en obediencia a la Palabra de Dios alumbrarían a los gentiles, y ellos se convertirían a Dios. A medida que Israel exaltaba la luz de la 'menorá', Israel también sería exaltado. La tradición judía dice: "Dios es la Luz del universo...pero ordena que se encienda una lámpara para devolverle luz a Dios...Por lo tanto, Dios ha dirigido a Israel por medio de Su luz, e Israel debe devolverle luz en gratitud... La luz de la 'menorá' nunca perece como tampoco debe el Templo, y su constante llama indica que las bendiciones de Dios para Sus hijos perduran para siempre" (Midrash Rabbah, Números 15:4).

Isaías confirmó la forma en que Israel sería Su testigo: "Vosotros sois mis testigos, dice Jehová, y mi siervo que yo escogí, para que me conozcáis y creáis, y entendáis que yo mismo soy; antes de mí no fue formado dios, ni lo será después de mí" (Is. 43:10) Para que las naciones del mundo pudieran creer que sólo el Eterno es Dios, Israel fue escogido para ser testigo al mundo gentil. La orden fue: "Cuando enciendas las lámparas, las siete lámparas alumbrarán hacia adelante del candelero" (Num. 8:1). Israel debería hacer que el fuego del candelabro de Dios alumbrara a toda la humanidad. No debería esconder la luz, sino ponerla en alto, exaltarla y glorificarla. Israel también fue exaltado sobre las demás naciones con ese propósito: "Porque eres pueblo santo a Jehová tu Dios, y Jehová te ha escogido para que le seas un pueblo único de entre todos los pueblos que están sobre la tierra" (Deut. 14:2). Israel no fue exaltado para ser una raza superior, sino para que elevara la luz de Dios y así demostrar Su santidad.

Aun cuando Israel recibió la exquisita 'menorá' y la gloriosa luz, sabía mirar más allá del mero emblema para ver el radiante esplendor de la Luz Divina. Sabía que su propio resplandor y el de la 'menorá' dependían totalmente de Dios, tal como el profeta había declarado: "Levántate, resplandece; porque ha venido tu luz, y la gloria de Jehová ha nacido sobre tí" (Is. 60:1). Israel podía resplandecer solamente por causa de la luz gloriosa de Dios que había nacido sobre él.

El profeta Isaías habló acerca de la razón por la cual Dios escogió a Israel para alumbrar al mundo: "Yo Jehová te he llamado en justicia, y te sostendré por la mano; te guardaré y te pondré por pacto al pueblo, por luz de las naciones" (Is. 42:6). Añadió lo siguiente: "Poco es para mí que tú seas mi siervo para levantar las tribus de Jacob, y para que restaures el remanente de Israel; también te di por luz de las naciones, para que seas mi salvación hasta lo postrero de la tierra" (Is. 49:6). Aunque estas profecías son predicciones que finalmente serán cumplidas por el Mesías, también pueden ser aplicadas a Israel, el testigo corporativo escogido por Dios para ser Su 'menorá' a las naciones y llevar Su salvación a los confines de la tierra.

Para que Dios pudiese tener un vaso apropiado para irradiar Su luz, tuvo que formar a Israel según el patrón celestial de la 'menorá', un candelabro que pudiese alcanzar a todo el mundo. Israel no fue escogido por su propia grandeza. La intención de Dios en escoger a esa insignificante tribu nómada fue para iluminar sus vidas con la bendición de la 'Torá' y así ser Su 'Menorá' a las naciones. Por lo tanto, en los designios eternos de Dios, Israel no sería un fin en sí mismo, sino un medio para Sus propósitos. La meta de Dios era cubrir toda la tierra con Su verdad y gloria. Todos los hombres serían confrontados con la verdadera iluminación de la Palabra de Dios a través de Su pueblo escogido.

Por espacio de 3,500 años, Israel ha sido el candelabro de Dios y la luz a los hombres. Aunque muchos teólogos cristianos han opinado que Dios sustituyó su antiguo pueblo con la Iglesia, Pablo fuertemente niega tal aseveración: "No ha desechado Dios a su pueblo, al cual desde antes conoció... ¿Han tropezado los de Israel para que cayesen? En ninguna manera" (Rom. 11:2, 11). A pesar de todo esfuerzo genocida por apagar su luz, Israel todavía hoy día es la 'Torá' de Dios a las naciones, modelando la conducta ética según Dios y sirviendo como testigo de Su inmutabilidad (Mal. 3:6).

"Vosotros Sois la Luz del Mundo"

Cuando 'Yeshúa' comisionó a Sus discípulos para ser la luz del mundo, estaba operando en completa concordancia con Su herencia judía. Su mandato "vosotros sois la luz del mundo" (Mat. 5:14) no fue una idea nueva ni revolucionaria. 'Yeshúa' estaba simplemente comisionando a Sus apóstoles según la antigua orden de ser luz a las naciones. Primeramente, 'Yeshúa' se había identificado personalmente e individualmente con la Luz: "Yo soy la luz del mundo" (Jn. 8:12). Cuando fue dedicado en el Templo, siendo bebé, Simeón lo declaró como el que cumpliría la profecía de Isaías al ser "luz del mundo." Cuando el anciano sacerdote tomó a 'Yeshúa' en sus brazos, dijo: "Porque han visto mis ojos tu salvación, la cual has preparado en presencia de todos los pueblos; luz para revelación a los gentiles, y gloria de tu pueblo Israel" (Luc. 2:30-32).

La 'Menorá' viviente había venido para traer luz a Israel y las naciones. 'Yeshúa', el hombre perfecto, demostró a la humanidad no sólo lo que significaba ser plenamente divino, sino también lo que significaba ser plenamente humano. La humanidad en su máxima expresión fue manifiesta en 'Yeshúa', la primera vez que se presenciaba una humanidad pura desde la creación de Adán. ¿Será extraño, entonces, que Jesús fuera la 'Menorá' de Dios? Declaró enfáticamente: "Entre tanto que estoy en el mundo, luz soy del mundo" (Jn. 9:5).

Posteriormente en Su ministerio, 'Yeshúa' dijo a Sus discípulos que lo que Él era a manera individual, ellos iban a ser a manera colectiva. Siendo el Cuerpo del Señor, ellos serían la luz del mundo (Mat. 5:14). Ellos también serían la 'menorá' de Dios a las naciones. Como habían creído en 'Yeshúa', ellos manifestarían la luz mientras vivían una vida agradable a Dios, y en base a su fe en Dios. Pablo expresó claramente esta verdad: "Porque en otro tiempo erais tinieblas, mas ahora sois luz en el Señor; andad como hijos de luz (porque el fruto del Espíritu es en toda bondad, justicia y verdad), comprobando lo que es agradable al Señor" (Ef. 5:8-10). Pedro dijo que los gentiles también habían sido llamados de las tinieblas a la luz admirable de Dios, uniéndose a la nación escogida de Israel, "...para que anunciéis las virtudes de aquel que os llamó…" (1 Ped. 2:9), e iluminando así al mundo.

"Con Mi Espíritu, ha dicho el Señor"

La 'menorá' es parte central de una de las imágenes más poderosas en la profecía bíblica, la de Zacarías 4. Esta metáfora expresa poderosamente al judío y el cristiano la importancia de manifestar la luz divina de Su Espíritu Santo para lograr los propósitos de Dios en este mundo. Cuando regresó el remanente del pueblo judío a Jerusalén luego de la cautividad babilónica, halló una devastación total, el cúmulo de deshechos y desperdicios de 70 años. El Templo, que una vez fue la realización arquitectónica más opulenta del mundo, yacía en fragmentos.

¿Cómo podría un pueblo tan endeble, carente de recursos y de miembros constituyentes, aún contemplar la reconstrucción del glorioso Templo que el rey David en antaño soñó, y su hijo Salomón construyó, luego de tan elaborada planificación, abundante capital, artesanos sin fin y cooperación internacional? Más del 80% de la población judía que fue llevada cautiva a Babilonia, incluyendo las mentes más brillantes, las manos más diestras y las espaldas más fuertes, prefirieron permanecer en esa tierra extranjera antes de regresar a Israel y enfrentar las enormes dificultades de la reconstrucción.

Aparentemente, durante un momento de gran dificultad, una palabra vino a Zacarías. Un ángel lo despertó del sueño y le presentó una visión espectacular. Vio "un candelabro todo de oro, con un depósito encima, y sus siete lámparas encima del candelabro, y siete tubos para las lámparas que están encima de él" (Zac. 4:2). El ángel entonces le explicó la visión. Le dijo: "Esta es palabra de Jehová a Zorobabel, que dice: No con ejército, ni con fuerza, sino con mi Espíritu, ha dicho Jehová de los ejércitos" (Zac. 4:6).

La visión de Zacarías se ha conservado como una palabra clara para el pueblo judío a través de las generaciones. Israel, más que cualquier otro pueblo, comprende que su supervivencia y éxito dependen totalmente de la provisión de Dios. Habiendo sobrevivido innumerables embates de discrimen, persecución y violencia, existe como un pueblo distinto a los demás solamente por los méritos del Pacto de Dios con ellos. Contra toda probabilidad de ser asimilados y conquistados por pueblos más fuertes, han mantenido su identidad distintiva porque Dios nunca cambia, y porque los dones y los llamamientos de Dios son irrevocables.

Israel no existe por su propio ejército ni su propia fuerza, sino por el Espíritu Santo (Rom. 11:29). La Dedicación produce Luz Una de las historias más notorias que envuelve simbolismo bíblico es la fiesta de 'Jánuca.' Representa el momento histórico en que los judíos ganaron una lucha que amenazaba arrebatar el mismo corazón y alma del judaísmo, y aniquilar toda subsiguiente religión bíblica. La figura central en esta historia es el candelabro, el símbolo de la Luz Divina.

Dada la importancia de la 'menorá,' esta Fiesta de la Dedicación también se conoce como la Fiesta de las Luces. 'Jánuca', celebrada generalmente en Diciembre, recuerda el triunfo de la luz de la 'menorá' sobre el poder del dios pagano Zeus. La amenaza contra los judíos y el judaísmo era particularmente insidiosa, porque atacaba el fundamento mismo del judaísmo: su monoteísmo y su perspectiva del mundo. Antíoco Epífanes intentó hacer que Israel se convirtiera al helenismo a punta de espada, e inició un reinado de sangre y terror. Finalmente, los judíos fueron dirigidos por Judas, hijo de Matatías, en unas guerrillas que lograron expulsar a las fuerzas seléucidas de Judea. Debido a ese éxito, Judas fue conocido como el Macabeo, que significa martillo.

Cuando los macabeos victoriosos regresaron a Jerusalén, encontraron que el Templo había sido profanado, e iniciaron el trabajo de restaurar la adoración según era establecida por Dios. Hallaron que había sobrevivido sólo un pequeño frasco de aceite de olivas, suficiente para alumbrar la 'menorá' durante un día. Para preparar más aceite ritualmente puro, de modo que estuviese aceptable para la 'menorá' del Templo, precisaban de siete días. Según cuenta la tradición, luego de alumbrar el candelabro, el aceite fue milagrosamente multiplicado. Aunque el aceite consagrado debió haber durado sólo 24 horas, las llamas del candelabro alumbraron unos siete días más como testimonio de la aprobación de Dios, tanto por haber vencido las fuerzas paganas como por haber restaurado Su santuario según la prescripción de pureza ritual.

La victoria sobre Antíoco, y el milagro de las luces, fueron causa inmediata para una gran celebración entre el pueblo judío. Durante tiempos de 'Yeshúa,' la conmemoración anual de 'Jánuca' todavía era prominente entre los judíos de Judea. Jesús mismo subió a Jerusalén para tiempos de la fiesta (Juan 10:22). Hoy día, 'Jánuca' es posiblemente la segunda fiesta más celebrada por los judíos luego de la Pascua. Es importante para el pueblo judío, tanto por su sentido simbólico de la luz como por la victoria sobre la intrusión filosófica y religiosa griega en su monoteísmo ético. También es una celebración de la libertad para adorar al Creador según Dios había ordenado.

Alumbrando la 'Menorá'

Durante la noche más oscura, cuando la opresión puede ser más hostigante, la 'menorá' debe brillar con más resplandor. Aunque el mundo esté en su momento más tenebroso, la luz del pueblo escogido de Dios, tanto de Israel como de la Iglesia, debe alumbrar con mayor intensidad. Por esa razón, Pablo enfatizó que los creyentes deberían resplandecer "como luminares en el mundo" en medio de una generación maligna y perversa (Fil. 2:15). Cada creyente debe ser una "mini-menorá". Desafortunadamente, lo opuesto ha sido casi siempre cierto. Cuando la maldad ha tomado dominio, los hijos de Dios han sido demasiado débiles para confrontarla. La triste verdad es que tanto la Iglesia como Israel frecuentemente fracasaron en su misión de ser luz de Dios a las naciones. A pesar de haber recibido un perfecto manual de instrucciones sobre cómo alumbrar, el pueblo judío a menudo cayó en los pecados de aislamiento, separatismo, exclusivismo y elitismo, cualidades replicadas al detalle por la Iglesia Cristiana. Los "candelabros humanos" de Dios prácticamente se extinguieron, y su 'menorá' fue profanada al aceptar otras fuentes de luz, en violación a la luz verdadera, la Palabra de Dios.

Sin embargo, aún en medio de esta condición, Dios nunca rechazó a ninguno de Sus dos pueblos. La infidelidad de algunos hombres nunca anula la fidelidad de Dios hacia Su creación amada, la humanidad. "Porque irrevocables son los dones y el llamamiento de Dios" (Rom. 11:29). Vemos una gráfica ilustración de la fidelidad de Dios hacia Su pacto con Israel y la Iglesia por medio de las palabras de Isaías: "No acabará de romper la caña quebrada, ni apagará la mecha que apenas arde. Con fidelidad hará justicia; no vacilará ni se desanimará hasta implantar la justicia en la tierra. Las costas lejanas esperan su enseñanza" (Is. 42:3-4, NVI). El término "caña quebrada" proyecta una imagen de una caña que ha sido abatida y caída. Por medio de la otra imagen, una "mecha que apenas arde", podemos visualizar una lámpara que ha perdido su fuerza. Esta palabra profética representa al Israel histórico que ha sido abatido por el tiempo y su lámpara apenas arde.

Sin embargo, hay promesa de que Israel ha de sobrevivir. El pueblo escogido ha sido castigado, pero no destruido; su luz ha sido apaciguada, pero no extinguida. Jeremías hizo una declaración semejante respecto a Israel: "Y la vasija de barro que él hacía se echó a perder en su mano; y volvió y la hizo otra vasija, según le pareció mejor hacerla" (Jer. 18:4). Aunque la vasija de barro perdió su forma mientras el artesano la moldeaba, no la descartó, sino que la continuó elaborando hasta hacer otra vasija que le fuera agradable. Dios siempre ha permanecido fiel a las promesas que hizo a Israel, y continuará trabajando hasta que llegue a ser una nación de honra y luz. ¡Dios nunca se rinde con Su pueblo!

Lo que las profecías de Isaías y Jeremías dicen acerca de Israel pueden aplicarse igualmente a la Iglesia, la que también frecuentemente ha sido como una caña quebrada y mecha casi apagada. Sin embargo, Dios no se ha dado por vencido con la Iglesia tampoco. Con ambos pueblos, "...no se cansará ni desmayará, hasta que establezca en la tierra justicia..." (Is. 42:4, Reina Valera 1960). ¡Dios no es una caña quebrada ni un pábilo humeante! Por ambos pueblos, quienes han sido referidos bíblicamente como "Sion", no descansará "...hasta que salga como resplandor su justicia, y su salvación se encienda como una antorcha" (Is. 62:1). Dios todavía logrará que Su antorcha alumbre sobre toda la tierra. Su verdad alumbrará la tierra por medio de Sus 'menorás' vivientes, individuos encendidos con Su luz, sean éstos de Israel o de la Iglesia.

En el cumplimiento de los tiempos, Dios enviará a Su Mesías y resucitará a los muertos. En esos momentos "los entendidos resplandecerán como el resplandor del firmamento; y los que enseñan la justicia a la multitud, como las estrellas a perpetua eternidad" (Dan. 12:3). La lámpara de Dios será la perfecta luz para la humanidad a medida que la "Menorá Viviente" llene la tierra del conocimiento del Señor, así como las aguas cubren el mar (Is. 11:9).

Jánuca y Navidad

En los últimos días de Diciembre[93], familias judías y cristianas se reúnen a celebrar Jánuca y Navidad –respectivamente-, dos de las principales festividades religiosas milenarias. Imponentes candelabros de 8 velas (Janukiá) y frondosos árboles de Navidad colmados de decoración, luces y regalos, son las fieles postales del espíritu que encierran ambas fiestas, que –dependiendo del año- acontecen el mismo día o en fechas cercanas.

Existen múltiples interpretaciones respecto de la coincidencia en el calendario de Navidad y Jánuca. Algunos indican que "sólo se trata de una mera casualidad" y para otros es una "causalidad" que encierra un mensaje místico. En realidad, el nacimiento de Cristo coincidió con la Fiesta de la Dedicación.

Ciertamente la Navidad y Jánuca tienen marcadas diferencias principalmente en sus orígenes y significados. Navidad (en latín

---

[93] Aunque Jánuca no siempre cae en Diciembre ya que se rige por un calendario lunar.

nacimiento), conmemora el nacimiento en Belén de Jesucristo, para los cristianos el hijo de Dios y Jánuca la conmemoración de la independencia judía de los griegos, en la época de dominio helénico y la recuperación del Templo de Jerusalén en manos de los Macabeos. Además Jánuca dura ocho días y se basa en el calendario hebreo (calendario religioso lunar) mientras que Navidad dura un solo día y la fecha se rige bajo el calendario gregoriano.

Sin embargo, existen muchas coincidencias en cuestiones más profundas que tiene que ver con la esencia de ambas:

La luz: Jánuca, es para los judíos la "fiesta de las luminarias", y la Navidad celebrada por los cristianos también tiene relevancia la luz en el relato donde en el nacimiento de Jesús los ángeles anunciaban la presencia de la luz.

Los símbolos que las representa: a Jánuca la representa la Janukiá, un calendario de ocho brazos y a la Navidad un árbol decorado con luces y adornos.

La invocación de la voluntad Divina.

La familia y la congregación se reúnen en celebraciones litúrgicas y en sus hogares.

Se entonan canciones alusivas: como los villancicos de Navidad, alusivos al nacimiento de Jesús, y de Jánuca como "Maoz Tzur" (oh, Todo poderoso) y "Sevivón, sov, sov, sov" (perinola gira, gira, gira),

Los regalos. Sorpresas personalizadas para grandes y chicos esperan ser abiertos en el árbol de Navidad y en Jánuca se suelen repartir candelabros, el *dreidel* (perinola) y *sufganiot* (un dulce típico de la festividad).

Platos especiales para la festividad: en Navidad se acostumbra a comer mariscos, pavo, cordero y postres dulces (turrones, rosca, etc.); en Jánuca alimentos fritos (ladkes) y un dulce llamado *sufganiot*.

En el concepto de celebración y unión familiar.

En ambas ocurren milagros. En Jánuca ocurrió el milagro donde una vasija con aceite para alimentar el fuego de las luminarias solo por un día, se mantuvo encendido por ocho y, en Navidad, también son múltiples los milagros que se relatan ligados a esta festividad, como por ejemplo la estrella de Belén señalando el glorioso nacimiento.

También es relevante que tanto Jánuca y Navidad son festividades que trasmiten un mensaje de fe, de fraternidad *entre familiares y amigos*, de paz, de esperanza y sobre todo, trasmiten una invitación para creer en el poder milagroso del Todopoderoso. *Lo que es imposible para los hombres, es posible para Dios* (Lucas 18:27). Esto es precisamente lo que un mundo confundido y rodeado de tinieblas necesita; se precisa del mensaje de la Luz del Mundo, Jesús de Nazareth, el Hijo del Bendito que nació en Belén. Luces e iluminación son símbolos que predominan en Janucá y Navidad.

Evidentemente existe un paralelismo muy estrecho entre la tradición judía y la cristiana. No se podía esperar menos ya que las raíces del cristianismo están firmemente ancladas en la cultura del pueblo de Israel, descendientes de Abraham.

Podemos celebrar tanto Navidad como Janucá, y brindar a los participantes ambas historias y aplicaciones a nuestra vida. Estas dos celebraciones tienen como objetivo fortalecer la familia. Deben ser celebradas en cada hogar que crea en el Dios de Abraham, Isaac y Jacob y sobre todo, que tengan como único Salvador a Nuestro Señor Jesucristo, el Hijo del Bendito.

La fecha de Janucá, Navidad y Nacimiento de Jesús

La fiesta de Janucá cada cierto año coincide con Navidad. De allí la conexión con respecto a las raíces Judeocristiana entre Janucá y Navidad. Sin embargo, la fecha de la navidad ha sido criticada vilmente por muchos sectores (religioso y secular) que están totalmente equivocados tratando de implantar fútilmente su propia tradición.

No sabemos exactamente cuándo, pero alguien se empeñó en afirmar que la Iglesia engañaba en cuanto a la fecha del nacimiento de Jesús. Una forma sutil de dejar caer esta idea era plantear el aparente argumento histórico de que Jesús nació en fecha desconocida y que la elección del 25 de Diciembre fue manipulada. Lo que sí sabemos con precisión es que ciertos líderes religiosos empezaron a popularizar esta tesis, basada en la propaganda de algunos pseudo-intelectuales del siglo XVII, que a su vez recogieron cierta ocurrencia de un jesuita mal intencionado. Una secta paralela al protestantismo, extendió masivamente la tesis de que la Iglesia se había inventado la fecha del nacimiento de Cristo. Ellos son los Testigos de Jehová.[94] Leyendo sus argumentos, se entiende que lo que pretendían no era tanto buscar la verdad sobre el nacimiento de Cristo, sino desprestigiar a la Historia de la Iglesia acusándola de manipuladora, buscando adaptarse a otras realidades para imponer la suyas. Lamentablemente, estas polémicas son creídas hoy por algunos evangélicos y gente del mundo secular.

Otra fuente con estos estereotipos, parte ya no de movimientos religiosos sino esotéricos. Personajes como J.J. Benítez; Jiménez del Oso y tantos otros se dedicaron a plagiar la fe cristiana con comentarios que venían del mundo secular anglosajón. Ellos también intentaron popularizar la misma tesis: Jesús no nació el 25 de Diciembre. Su argumento principal es que muchos líderes de otras religiones habrían nacido la misma fecha y en circunstancias muy parecidas a la relatada en el Evangelio. De los muchos ejemplos que propusieron estos autores se mencionan a

---

[94] A ellos, lógicamente se suman los mormones quienes creen que Jesucristo nació en Belén de Judea, *pero* el 6 de abril.

Buda, Krishna y Horus. Se desconocen los términos y las fuentes reales de esos argumentos. Sin embargo, a modo de ejemplo veamos la falacia sobre Buda.

Hay una tradición que dice de Buda que nació de una *Virgen* un 25 de Diciembre; anunciada por una estrella y concurrida por hombres sabios con costosos regalos. Buda fue sanador, caminó sobre las aguas, alimentó a personas milagrosamente multiplicando panes, murió y resucitó y ascendió a los cielos. En realidad es una réplica de la vida de Cristo. Lo que no dicen los que nos presentan así a Buda es que estas descripciones de un Buda divinizado son muy tardías (corresponden al siglo V d.C.) siendo en realidad una imagen elaborada por cristianos nestorianos en la India y Asia que "cristifican" la figura de Buda. También se sabe que los primeros budistas negaron el carácter divino del personaje. Pero mil años más tarde, por influencia de esos cristianos nestorianos, se divinizo la figura de Buda.

Una verdadera revolución intelectual se produjo con el estudio que presentó William J. Tighe, profesor de Historia de la Universidad de Muhlenberg. En el 2003 publico uno de los más serios análisis sobre el origen de la fecha de la Navidad. Su tesis destrozo la teoría que por ignorancia, algunos cristianos protestantes todavía argumentan, esto es, *que la fecha del nacimiento de Cristo no se conoce y que la celebración del 25 de Diciembre se debió a motivos políticos.* William J. Tighe sostiene que todo ocurrió al revés de la idea que algunos círculos religiosos y pseudo-intelectuales pregonan. No es que el cristianismo "plagiara" una fiesta romana, sino que el imperio romano se inventó una fiesta para eclipsar la creciente influencia del cristianismo y la celebración del nacimiento de Jesús.[95]

Según Tighe, la primera confusión la introdujo explícitamente un monje jesuita francés llamado Jean Hardouin (1646-1729). Al principio del siglo XVII este monje intentó demostrar que la Iglesia había adoptado festivales paganos relacionados con la navidad.[96] Lo cierto es que este monje fue sancionado severamente por la Iglesia ya que manipulo ciertas partes de las cronologías bíblicas (incluso del antiguo testamento) introduciendo textos apócrifos usándolos como canónicos.

No es que el cristianismo "plagiara" una fiesta romana, sino que el imperio romano se inventó una fiesta para solapar la creciente influencia del cristianismo y la celebración del nacimiento de Jesús.

Las tesis de este jesuita se fundamentan en el calendario juliano (creado en el año 45 a.C.). En este calendario el *Solsticio* de invierno caería el 25 de Diciembre. Este argumento tomado del aire, fue aprovechado con mala intención por teólogos alemanes. Predicadores protestantes como el alemán Paul Ernst Jablonski (1693-1757) entre otros, intentaron demostrar en obras pseudo-académicas, que los argumentos del jesuita y antiguos puritanos eran correctos, pero su intención fue claramente atacar a la Iglesia. Quería demostrar que la celebración del nacimiento de Cristo el 25 de Diciembre fue usada como una estrategia de la

---

[95] Talley, The Origins of the Liturgical Year, Collegeville, MN: Liturgical Press, 1991, pp. 88-91.
[96] Thomas Talley, The Origins of the Liturgical Year, p. 88.

Iglesia para cristianizar alegremente al mundo pagano y, que al mismo tiempo, fue una estrategia para paganizar el cristianismo.

Resumiendo, la tesis de que la Iglesia se apropió de una fiesta pagana, comienza a finales del siglo XVII y principios del XVIII y se gesta cuando un grupo minoritario de protestantes (principalmente puritanos), historiadores seculares, y posteriormente los Testigos de Jehová, con locura y violencia verbal, atacan la Historia de la Iglesia. Pero lo que ellos ignoraron fue que, las celebraciones cristianas del nacimiento de Cristo cada 25 de Diciembre son anteriores a la institución de la fiesta del "Nacimiento del Sol Invicto" por parte del emperador romano Aurelio en el año 274. Esta institución fue un intento de crear la alternativa pagana a una fecha que ya gozaba de cierta importancia para los cristianos del Imperio. Algo con igual intención sucedió en Belén cuando el emperador romano Adriano construye un templo pagano para tratar de evitar las crecientes reuniones de cristianos alrededor de la gruta donde nació Jesús.[97]

---

[97] Los discípulos del Señor y los primeros cristianos fueron muy conscientes desde el principio de la importancia que había adquirido Belén. A mediados del siglo II, san Justino, que era natural de Palestina, se hacía eco de los recuerdos que se transmitieron de padres a hijos los habitantes de la aldea sobre la gruta, usada como establo, en que había nacido Jesús. En los primeros decenios del siglo siguiente, Orígenes atestigua que el lugar donde nació el Señor era perfectamente conocido en la localidad, incluso entre quienes no eran cristianos: En armonía con lo que en los evangelios se cuenta, en Belén se muestra la cueva en que nació Jesús y, dentro de la cueva, el pesebre en que fue reclinado envuelto en telas. Y lo que en aquellos lugares se muestra es famoso aun entre gente ajenas a la fe; en esta cueva, nació aquel Jesús a quien admiran y adoran los cristianos.

El Candelabro de Dios como la Luz de los Hombres: Misterios sobre la Menora

En este artículo denunciamos categóricamente los innumerables mitos que son moneda corriente en el siglo XXI contra la celebración de la Navidad en el 25 de Diciembre. El principal mito procede de la supuesta sustitución de una fiesta de adoración al sol. Se dice que el cristianismo adoptó fechas y costumbres paganas a fin de ganar más aceptación y, de esta forma facilitarle a los paganos abandonar su religión y abrazar la cristiana. En realidad esto no tiene mucho sentido, dado que los primeros cristianos, al contrario de la mayoría hoy día, no andaban con tibiezas ni claudicaciones cobardes, aunque terminaran en las fauces de los leones o formando parte del alumbrado público romano en las famosas teas de Nerón.

Dejemos de una vez por todo el reino de la conjetura y regresemos a los registros históricos. Hay amplia evidencia para demos-

---

En tiempos del emperador Adriano (117- 138), las autoridades del Imperio edificaron templos paganos en varios enclaves –por ejemplo, el Santo Sepulcro y el Calvario– venerados por los primeros cristianos, con el propósito de borrar los vestigios del paso de Cristo por la tierra. Desde los tiempos de Adriano hasta el imperio de Constantino, por espacio de unos ciento ochenta años, en el lugar de la resurrección se daba culto a una estatua de Júpiter, y en la peña de la cruz a una imagen de Venus de mármol, puesta allí por los gentiles. Sin duda se imaginaban los autores de la persecución que, si contaminaban los lugares sagrados por medio de los ídolos, les iban a quitar la fe en la resurrección y en la cruz. El lugar donde nació Jesús fue convertido en un bosque sagrado en honor del dios Adonis. Posteriormente, el emperador Constantino con la ayuda de su madre Elena (siglo III), ordenó construir hermosos edificios donde ocurrieron las escenas más destacadas en la vida de Cristo. En Belén construyo una gran basílica sobre la gruta; esta fue consagrada el 31 de mayo del año 339, y en la ceremonia estuvo presente la reina Elena, que había impulsado decididamente esta empresa.

trar que, a pesar de que la fecha de Navidad no se oficializó hasta el s. IV, esta se celebraba mucho antes de que Aureliano instituyera su fiesta pagana.

Como ya explicamos, la idea del origen pagano de la Navidad se remonta a fines del siglo XVII y principios del XVIII pero subrayamos que la verdad histórica es otra. Fue en el año 274 cuando el emperador Aureliano estableció por decreto la *Fiesta del Sol Invicto* el 25 de Diciembre. Lógicamente, antes del Edicto de Milán (año 313) los cristianos no podían celebrar públicamente la Natividad. Pero eso no era obstáculo alguno para los fieles y valientes cristianos; ellos ya celebraban el nacimiento de Jesús desde hacía al menos un siglo atrás.[98] Según San Juan Crisóstomo (398-404), desde los primeros tiempos, la Iglesia había celebrado la Natividad en esa fecha. También desde más de medio siglo antes de la instauración de la fiesta del Sol Invicto circulaba un libro del pagano convertido al cristianismo *Sexto Julio Africano*, escrito en torno al año 221, el *Chronographiai*, en el que se afirma que la Anunciación (o sea, la concepción de Jesús) tuvo lugar el 25 de marzo, con lo que nueve meses después tenemos exactamente el 25 de Diciembre.[99] Aun suponiendo que la concepción de Jesús no tuviera lugar en el mismo día de la Anunciación, la Iglesia ya tenía señalada, como vemos, la fecha del Nacimiento al menos varias décadas antes de que Aureliano instaurara su festival pagano. La verdad es que el emperador

---

[98] Daniel-Rops, Prières des Premiers Chrétiens, Paris: Fayard, 1952, pp. 125-127, 228-229
[99] Shemaryahu Talmon, profesor emérito de la Universidad Hebrea de Jerusalén y un destacado erudito de la revista Scroll, publicó un estudio en profundidad sobre la asignación rotativa de sacerdotes del templo en 1958 y los rollos de Qumrán para ver la asignación durante los tiempos del Nuevo Testamento. Martin K Barrack, "Viene de Pagans," Segundo Éxodo en línea.

intentó aprovechar una fecha que ya tenía solidez religiosa de un cristianismo en rápida expansión.[100] Es decir, él quiso *robarse la fiesta* para intentar establecer la suya. Otro testimonio es el de Hipólito de Roma (170 – 235), que en su Crónica -escrita tres décadas antes del reinado de Aureliano - afirma que Jesús nació ocho días antes del periodo de Enero. Es decir, el 25 de Diciembre (esta fórmula será explicada más adelante).

Así como por centurias se guardó sana la tradición oral judía, la tradición cristiana también se conservó incólume desde los primeros tiempos, trasmitiéndose de viva voz. Es evidente que si la virgen María estaba entre los primeros cristianos, la fecha de un acontecimiento tan notable como el nacimiento del Salvador no era ningún misterio, ni para ella ni para los discípulos del Señor.

Y como en tantos otros casos en que la interpretación modernista ha intentado desmentir la Biblia, la arqueología termina siempre por confirmar la verdad de las Escrituras. A veces también pasa lo mismo con la tradición, el otro pilar de la fe (aunque en este caso, no se trate de una cuestión dogmática sino de una fecha específica). De todas formas, ilustremos lo antes dicho citando el artículo publicado por el conocido periodista y apologeta Vittorio Messori hace unos años en *Corriere della Sera*[101]:

La fecha del 25 de Diciembre es algo más que un símbolo. Los rollos de Qumran corroboran su exactitud. En realidad, hoy en día, gracias a los documentos de Qumran, podemos determinar

---

[100] Talley, The Origins of the Liturgical Year, pp. 88-91.
[101] Periódico italiano publicado en Milán desde el siglo XVIII.

la fecha de la Navidad con precisión: Jesús nació exactamente un 25 de Diciembre. Se trata de un descubrimiento extraordinario y fidedigno del que no se pueden sospechar manipulaciones apologéticas cristianas, dado que se lo debemos a un catedrático judío de la Universidad de Jerusalén, el profesor Shemaryahu Talmon.[102]

El mecanismo que lo explica es complejo pero fascinante. Si Jesús nació un 25 de Diciembre, su concepción virginal tuvo lugar sin duda alguna, nueve meses antes. Efectivamente, en el calendario cristiano se celebra el 25 de marzo la anunciación del ángel Gabriel a María.

El evangelista Lucas dice que la anunciación del ángel Gabriel a María sucedió seis meses después de la concepción de Juan (Lc. 1: 26). Las liturgias orientales y occidentales concuerdan en la identificación de esta fecha con el 26 del mes de Adar, que correspondió a nuestro 25 de marzo, fecha en la que la Iglesia celebra el anuncio del ángel y la concepción de Jesús. Por tanto, la fecha del nacimiento es colocada 9 meses después, es decir el 25 de Diciembre.

En efecto, debemos tomar como punto de partida la concepción de Juan el Bautista. El Evangelio de San Lucas da comienzo con el relato del matrimonio formado por los ancianos Zacarías y Elizabeth, mujer estéril. Zacarías pertenecía a la clase sacerdotal, y un día estando de servicio en el templo de Jerusalén se le

---

[102] Shemaryahu Talmon, profesor emérito de la Universidad Hebrea de Jerusalén y un destacado erudito de la revista Scroll, publicó un estudio en profundidad sobre la asignación rotativa de sacerdotes del templo en 1958 y los rollos de Qumrán para ver la asignación durante los tiempos del Nuevo Testamento. Martin K Barrack, "Viene de Pagans," Segundo Éxodo en línea.

apareció el arcángel Gabriel (el mismo que seis meses más tarde se aparecerá a María en Nazaret), el cual le anunció que, a pesar de lo avanzado de su edad, él y su mujer tendrían un hijo. Habrían de llamarlo Juan, y sería «grande ante el Señor».

Lucas se preocupa por precisar que Zacarías pertenecía al grupo sacerdotal de Abías y que cuando se le apareció el ángel «oficiaba en el turno de su grupo».[103] En el Israel de la antigüedad, los sacerdotes estaban divididos en 24 grupos que, siguiendo un orden inmutable, debían prestar servicio litúrgico en el templo durante una semana dos veces al año. Se sabía que Zacarías pertenecía al grupo de Abías y que era el octavo en el orden oficial. Pero a la pregunta de ¿cuándo le tocaba el turno de servicio? Nadie sabía contestar apropiadamente. Pues bien, sirviéndose de investigaciones realizadas por especialistas, y trabajando sobre todo con textos encontrados en la biblioteca esenia de Qumran, he aquí que el enigma ha quedado resuelto por el profesor Shemaryahu Talmon que, como dijimos, enseña en la Universidad Hebrea de Jerusalén. El mencionado catedrático ha logrado precisar el orden cronológico de los turnos de los 24 grupos sacerdotales. El de Abías prestaba servicios litúrgicos en el templo dos veces al año, como las demás, y uno de aquellos turnos estaba fijado para la última semana de Septiembre.[104]

A todas estas, la concepción de San Juan Bautista es el ancla histórica para conocer la fecha de la Navidad, basada en los

---

[103] Lucas 1:8 - La Biblia de las Américas.

[104] Shemaryahu Talmon, profesor emérito de la Universidad Hebrea de Jerusalén y un destacado erudito de la revista Scroll, publicó un estudio en profundidad sobre la asignación rotativa de sacerdotes del templo en 1958 y los rollos de Qumrán para ver la asignación durante los tiempos del Nuevo Testamento. Martin K Barrack, "Viene de Pagans," Segundo Éxodo en línea.

cálculos detallados y cuidadosos en las fechas hechas por los primeros Padres de la Iglesia. El tractatus antiguo De solstitiia registra la tradición siguiente: el Arcángel Gabriel que se apareció a Zacarías en el Templo cuando estaba sirviendo como sumo sacerdote lo hizo en el Día de la Expiación (Lc 1: 8). Esto colocó la concepción de San Juan Bautista durante la fiesta de los Tabernáculos a finales de Septiembre, como dijo el Arcángel Gabriel (Lc 1:36) y su nacimiento, fue nueve meses más tarde en el momento del solsticio de verano (Juan nació en Junio).[105] Por tanto, es verosímil la tradición de los cristianos orientales que fija entre el 23 y el 25 de Septiembre el anuncio a Zacarías. Y esta realidad es cierta porque, apoyándose en el descubrimiento del profesor Talmon, los investigadores han seguido la pista y se han remontado al origen de esa tradición, llegando a la conclusión de que provenía directamente de la Iglesia primitiva judeocristiana de Jerusalén. Una memoria antiquísima y pertinaz para las iglesias de Oriente[106].

Por consiguiente, lo que parecía un mito ahora cobra nuevos matices de veracidad. Una cadena de acontecimientos que se extiende a lo largo de quince meses: en Septiembre, el anuncio a Zacarías y al día siguiente la concepción de Juan; en marzo, seis meses después, el anuncio a María; en junio, tres meses más tarde, el nacimiento del Bautista; seis meses después, nace Jesús.

---

[105] El tratado se titula "De solstitiia et aequinoctia conceptionis et nativitatis domini nostri iesu Christi et iohannis baptista", en Ibíd., P. 93-94. El editor también proporciona otros documentos históricos de los primeros escritores de la Iglesia que muestran que las fechas de la Concepción y la Muerte de Nuestro Señor se habían establecido desde el principio.
[106] El Oriente cristiano se identificó con la Iglesia griega o bizantina, es decir, el Patriarcado de Constantinopla. Las de Occidente tiene como base a Roam.

Y así llegamos ni más ni menos al 25 de Diciembre, fecha que, como vemos, no se fijó al azar.

No es factible bajo ningún concepto trasladar la Navidad a Agosto u otra fecha. Al cabo de tantos siglos de persistente investigación, los Evangelios no dejan de depararnos sorpresas. Detalles aparentemente inútiles como el que Zacarías perteneciera al grupo sacerdotal de Abías, ahora son fundamentales. Pocos exegetas hacían caso de eso hasta el descubrimiento de los rollos del Mar Muerto. Con ellos se demuestra lo sucedido y se da testimonio de una verdad oculta por siglos. A pesar de todo, la aventura histórica de la cristiandad continúa.

En medio de numerosos testigos, debemos considerar la Primera Apología de San Justino Mártir (100-165), donde se narran datos importantes sobre el nacimiento de Jesús. San Justino al hablar de Jesús remite al *Tabularium*[107], donde estaban los datos del censo de Augusto. Esta es otra razón para recordar la importancia de conocer lo que una Tradición arraigada a la historia ofrece. Ella constituye un pilar que apoya fielmente a las Escrituras; esta verdad sobre Justino nos llegó principalmente a través de ella. En realidad, son muchos los que afirman que Jesús había nacido el 25 de Diciembre. Así que, basta de Saturnalia[108], soles invictos[109] y otras tonterías. Basta de robarle al Señor la fecha de su cumpleaños.

Y sí, es cierto que en el siglo IV se fijó el reconocimiento legal de la religión cristiana en el Imperio Romano y, la fiesta de Navidad

---

[107] Edificio romano que guardaba documentos de historia valiosos.
[108] Fiesta a Saturno
[109] Fiesta al Sol

se oficializó solemnemente con el 25 de Diciembre. También merece recordar que en los albores del cristianismo, la conmemoración más querida para los fieles no era tanto el nacimiento sino la muerte, en especial cuando eran mártires. Así que la Navidad antecedía a la Pascua en importancia.[110] Por tanto, la fecha más resaltante de la vida de Cristo, (también de mártires), no era la del nacimiento sino la de la muerte, porque con ella había un "nacimiento al cielo". Pero esta realidad histórica no anula el hecho de que en los dos primeros siglos de la era cristiana, la Navidad se celebraba tanto en Oriente como en Occidente, aunque en un periodo de tiempo distinto, como lo sigue siendo hoy día.[111]

En relación a lo antes dicho, es sabido que aproximadamente dos años después del nacimiento de Cristo, los creyentes comenzaron a recordar con más vehemencia la fecha de Navidad debido a que Herodes asesino en Belén a todo niño de dos años para abajo.[112] Esta masacre magnificó la fecha de la Natividad porque el sacrificio de estos niños fue alrededor de la fecha cuando Jesús nació y, los niños murieron por causa del nacimiento de Cristo.

---

[110] Esto explica por qué en la Historia de la Iglesia abundan más las referencias sobre la muerte de Jesús que la de su nacimiento. Aunque esta última nunca fue subestimada del todo.

[111] En el 425, el emperador Teodosio codificó los ritos de la fiesta, que en el 506 se convirtieron en preceptivas, y en el 529 en fiesta civil. Las Iglesias ortodoxas que adoptaron el calendario juliano, tienen un retraso de 13 días según el gregoriano, celebran la Navidad el 7 de Enero.

[112] Mateo 2:16

Algunos autores están convencidos que fueron asesinados en el aniversario del mismo día en que la Iglesia celebra la Navidad.[113]

Sumado a lo antes dicho, podemos estar seguros de que los primeros apologistas y Padres de la Iglesia, que vivieron cerca de la época de los Apóstoles, estaban al tanto de las fechas asociadas con el nacimiento de Nuestro Señor Jesucristo. Tenían todas las fuentes del calendario a mano y no permitirían que se introdujera ninguna falsedad en la liturgia cristiana. La fecha del nacimiento de Cristo fue transmitida por ellos como el 25 de Diciembre, un domingo.

Al referirse al versículo de Lucas 2: 7, Cornelio a Lapide (1567-1637) comenta sobre la arquitectura de esta información: "Cristo nació el domingo, porque este era el primer día del mundo. ... Cristo nació el domingo por la noche, de acuerdo con el orden de Sus maravillas, de modo que el día en que Él dijo: Hágase la luz, y haya luz, fue el mismo día en que, de noche, la luz brilló en la oscuridad para los rectos de corazón, es decir, el sol de justicia (Mal. 4:2), Cristo el Señor".[114]

Siguiendo con nuestro enfoque, otra fuente muy antigua que habla de la celebración de la Navidad el 25 de Diciembre es la de Hipólito de Roma (170-235), quien, en el año 204, narraba cómo en Roma se celebraba el nacimiento de Jesús justo en esa fecha. Como prueba de ello lo muestra el calendario litúrgico, en la *Depositio Martyrum* del año 336; allí se afirma que en Roma la fiesta de la Navidad se celebraba el 25 de Diciembre. El mismo

---

[113] Cornelius a Lapide, Commentaria in Scripturam Sanctam, Paris: Vives 1877, Luke 2:7, vol 16, p. 57-58.
[114] Cornelius a Lapide, Commentaria in Scripturam Sanctam, Paris: Vives 1877, Luke 2:7, vol 16, p. 57.

dato se encuentra en el *Cronógrafo* del año 354, un almanaque ilustrado compuesto por un cristiano adinerado en el que figuran dos listas de celebraciones religiosas: una registra a los obispos no mártires de Roma, y otra recuerda a los mártires de los que se hacía memoria en la Iglesia romana, indicando la fecha de muerte y lugar de sepultura. En esta segunda lista se lee: "VIII kal. Ian. *Die Octavo ante Kalendas Ianuarias natus Christus in Betleem Iudeae*", es decir, "En el octavo día anterior a las calendas de Enero nació Cristo en Belén de Judea". Como, según el uso latino, se contaban el primer y el último elemento de una serie, el octavo día antes del 1 de Enero era justo el 25 de Diciembre.

Los estudios del profesor Talmon, sin embargo, no han callado las voces que apoyan la duda sobre la estación del año de esta fecha, por considerarla contraria al relato evangélico de Lucas, ya que este habla de pastores que pasan la noche al cielo abierto, evocando un contexto más primaveral que invernal.

Con respecto a esto, debemos revisar las normas de pureza típicas del judaísmo en el periodo del Segundo Templo, recordando antiguos tratados en los que los rebaños se diferenciaban en tres tipos: los compuestos sólo de ovejas de lana blanca, consideradas puras y que después de pastar volvían a entrar en el redil en el centro de las poblaciones; las compuestas por ovejas de lana en parte blanca y en parte negra, que por la tarde entraban en rediles dispuestos a las afueras de las poblaciones; y las ovejas de lana negra, consideradas impuras, que no podían entrar ni en las ciudades ni en los rediles, debiendo permanecer

a la intemperie con sus pastores en cualquier periodo del año.[115]
El Evangelio recuerda además, que los pastores hacían turnos de
guardia, lo que indicaba una noche larga y fría, apropiado al
contexto invernal.[116]

Más evidencias en la Historia

Natividad significa nacimiento y Navidad apunta a la Natividad o
nacimiento de nuestro Señor Jesucristo, que por antonomasia es
la conmemoración litúrgica del nacimiento de Jesús en Belén de
Judá, Israel. Es celebrada mundialmente por la cristiandad con
carácter de solemnidad el 25 de Diciembre, llamándosele al 24
por la noche "Noche Buena". A nivel de liturgia eclesiástica, la
celebración oficial de la Natividad se inaugura en Occidente
(Roma) a mediados del siglo IV y, en Constantinopla (Iglesia del
Oriente), en el año 379. Por extensión, se denomina Natividad a
un tema tratado abundantemente en las artes pictóricas a partir
del arte paleocristiano (desarrollado durante los seis primeros
siglos de nuestra era, desde la misma aparición del cristianismo,
durante la dominación romana, hasta la invasión de los pueblos
bárbaros) y bizantino (continuación del arte paleocristiano
oriental) de los siglos V y VI. Tema que adquiere su máximo
desarrollo en el arte medieval, como parte del ciclo referido a la
vida de Jesús.

La Navidad (latín Nativitas, "nacimiento"), también llamada
coloquialmente "fiestas de sembrina", es una de las festividades

---

[115] ¿Cuándo nació Jesús? por Michel Loconsole.
[116] Y en esa vecindad había pastores que apacentaban a cielo abierto en el
campo (por turnos) sobre su rebaño por la noche. (Lucas 2:8 - Amplified
Bible, Classic Edition)

más importantes del cristianismo, junto con la Pascua de Resurrección y Pentecostés. Esta solemnidad, que conmemora el nacimiento de Jesucristo en Belén, se celebra el 25 de Diciembre en la mayoría de la cristiandad católica, anglicana, protestante y por la mayoría de la Iglesia ortodoxa. En cambio, se festeja el 7 de Enero en otras iglesias ortodoxas, como la Iglesia ortodoxa rusa o la Iglesia ortodoxa de Jerusalén, que no aceptaron la reforma hecha al calendario juliano para pasar al calendario conocido como gregoriano, nombre derivado de su reformador, el papa Gregorio XIII.

Hoy día, el 25 de Diciembre es un día festivo en muchos países, al ser celebrado por millones de creyentes alrededor del mundo y también por un gran número de no cristianos. Las fiestas de Navidad se proponen, como su nombre lo indica, celebrar la Natividad o nacimiento de Jesús de Nazaret, con agradecimiento a Dios por su venida a la tierra en cumplimiento del plan de salvación. Los angloparlantes utilizan el término *Christmas* y en algunas lenguas germánicas, el vocablo usado se define como "noche de bendición".

Una de las evidencias más significativas y recordadas de la fecha Navideña se encuentra en Alejandría, cerca del año 200 de nuestra era, cuando Clemente de Alejandría indica que ciertos teólogos egipcios "muy curiosos por dedicarse a la investigación" asignan no solo el año, sino también el día real del nacimiento de Cristo como el 25 de Diciembre. Para la época del Concilio de Nicea (325), la Iglesia alejandrina ya había fijado el *Dies Nativitatis et Epifaniae.*

La Navidad es una tradición muy antigua que los cristianos debemos defender, pues ella habla de la doctrina más grande que haya existido en la historia de la humanidad: la encarnación del Dios Vivo. Los cristianos somos los únicos en el mundo que creemos que Dios se hizo hombre. Por tanto, no podemos permitir que ninguna confusión o imprecisión cronológica pueda eclipsar el evento más grandioso del mundo.

Cánticos en Navidad

La venida del Mesías dio una razón para gozarnos y por lo tanto, para cantar, y cinco canciones de la Biblia se cantaban desde entonces en relacionan con este evento. Por varias razones se hace referencia a estos cánticos: Elizabeth, María, Zacarías, los ángeles y Simeón. Ellos fueron llenos o movidos por el Espíritu Santo ante este evento portentoso, llevándolos a proferir palabras de alabanza y adoración. Algunos de estos cánticos son salmos plasmados principalmente en forma poética, y con propiedad podemos decir que se puede aprender, al menos una lección, de cada canción.

El canto de Elizabeth: El honor de ser usado por Dios

El canto de Elizabeth nos recuerda que María, madre de Jesús, es bendita entre las mujeres y digna de honor. Después de ser anunciada su concepción por un ángel, María visitó a su prima Elizabeth, quien también, según dijo el ángel, iba a experimentar un embarazo milagroso. Cuando llegó María, el hijo que Elizabeth llevaba en el vientre (Juan el Bautista) "saltó de alegría" y llena del Espíritu Santo exclamó a gran voz con respecto a María: "Bendita tú entre las mujeres, y bendito el fruto de tu vientre" (Lc 1:42). Fue un gran privilegio dar a luz al Mesías; por tanto, no se debe dar poco reconocimiento a María, como mujer usada por Dios. Aprendemos que cualquier obra que Dios llama a realizar es un honor. Nada es muy pequeño o de menor importancia para ser reconocido por Él cuando obedecemos y diligentemente respondemos por fe a Su llamado.

El canto de María: Engrandeciendo al Señor

La respuesta inmediata al canto de bendición de Elizabeth es una canción que se conoce como el Magnificat. En esta canción, María cambia el enfoque de su prima y rinde la gloria a quien realmente la merece, a Dios: "Engrandece mi alma al Señor; y mi espíritu se regocija en Dios mi Salvador" (Lc 1:46-47). María recuerda a las personas que mientras Dios las bendice y honra, la verdadera honra y gloria pertenecen a Él. Los obreros cristianos debemos recordar que solo somos instrumentos de Dios y que la eficiencia y logros provienen de Su obra en nuestras vidas. Así como María cantó sobre su Salvador, la reacción del cristiano de hoy ante el nacimiento de Cristo debe ser de regocijo, porque Jesús vino a morir por los pecadores.

El canto de Zacarías: La venida de la salvación de Dios

Después del nacimiento de su hijo y de ponerle por nombre Juan el Bautista, Zacarías fue lleno del Espíritu Santo y cantó una alabanza profética de la salvación de Dios. El profeta habló sobre la redención que el Mesías traería a Israel: "Bendito el Señor Dios de Israel, que ha visitado y redimido a su pueblo, y nos levantó un poderoso Salvador" (Lc 1:68-69). Cuando mencionó la salvación de Israel de sus enemigos (v. 71), seguramente estaba pensando en la salvación política de la autoridad romana. Sin embargo, Zacarías profetizó lo más grandioso que podía imaginar. La misión más excelsa de Cristo no era el traer libertad política, sino librar a la humanidad de la potestad de Satanás. Nuestra enseñanza: hablarle al mundo de esta libertad.

El canto del ángel: Gloria, paz y buena voluntad

En la noche que Jesús nació, un ángel anunció la buena nueva de su nacimiento a pastores que cuidaban sus rebaños en campos cercanos. El ángel trajo noticias de gran gozo para toda la gente: ¡El Salvador nació! Y de pronto una multitud de ángeles apareció cantando *Gloria in Excelsis Deo*: "¡Gloria a Dios en las alturas, y en la tierra paz, buena voluntad para con los hombres!" (Lc 2:14). Los ángeles cantaron gloria al Señor en los cielos y paz en la tierra para aquellos que gozan de la buena voluntad de Dios, para así darnos el primer regalo de Navidad. Paz es dada a todos aquellos que reciben el regalo de Cristo. Los pastores se regocijaron con el cántico de los ángeles, y cuando encontraron al niño Jesús, el Pastor de almas (1 P 2:25), se unieron al canto angelical (Lc 2:20).

El cántico de Simeón: La promesa cumplida

Cuarenta días después del nacimiento de Jesús, sus padres José y María lo llevaron al templo de Jerusalén para dedicarlo a Dios, como mandaba la Ley. Al mismo tiempo, fue guiado por el Espíritu Santo un hombre justo y piadoso llamado Simeón, quien estuvo esperando ansiosamente la venida del Mesías prometido, la "consolación de Israel" (Lc 2:25). El Espíritu le había revelado a Simeón que no moriría antes de ver la venida del Mesías y ahora, le permitía verlo. Reconoció a la criatura como el Cristo prometido, y tomándolo en sus brazos levantó un canto de gratitud a Dios por cumplir Su promesa: "Ahora, Señor, despides a tu siervo en paz, conforme a tu palabra; porque han visto mis ojos tu salvación" (vv. 29-30). Simeón dio un suspiro profundo de gozo y alivio, ya estaba listo para dejar esta vida en paz. Así como este hombre, aquellos que reciben a Jesús con brazos llenos de fe, tienen paz cuando están a las puertas de la muerte y ven las promesas cumplidas.

Ángeles cantando están

Lucas 2:13-15 relata que al ángel del Señor que anunció el nacimiento de Jesús al mundo se unió una multitud de las huestes celestiales alabando a Dios. Digna alabanza y adoración al Creador ratificada en múltiples versículos de la Biblia, como en Hebreos 1:6 y el Salmo 29, por solo decir estos, porque siempre los ángeles cantando están, adorando al Dios Todopoderoso, como lo indica este hermoso cántico *Gloria in Excelsis Deo* o Gloria a Dios en las alturas.

> Ángeles cantando están
> tan dulcísima canción;
> las montañas su eco dan
> como fiel contestación.
>
> Gloria en lo alto, gloria.
> Gloria en lo alto, gloria a Dios.
> *Gloria in Excelsis Deo,*
> *Gloria in Excelsis Deo.*
>
> Los pastores sin cesar
> sus loores dan a Dios;
> cuán glorioso es el cantar
> de su melodiosa voz.
>
> Oh, venid pronto a Belén
> para contemplar con fe
> a Jesús, autor del bien,
> al recién nacido Rey.

El Candelabro de Dios como la Luz de los Hombres: Misterios sobre la Menora

Prestemos atención a este himno titulado en latín con *Gloria in Excelsis Deo*, Gloria en lo más alto a Dios, del canto griego angelical de Lucas 2:14; y en la versión inglesa, Gloria a Dios en lo alto. A este cántico se le conoce como la Gran doxología y el Himno angélico. Es un antiguo salmo cristiano griego, privado, es decir, un himno compuesto sobre el modelo de los salmos canónicos. Para el año 100 d. C. ya era cantado en las congregaciones como una señal de alegría por la gran celebración del nacimiento de Jesús o del Dios hecho carne. Esto se hacía en Navidad. Otros ejemplos sobrevivientes de esta poesía lírica son *Te Deum y Phos Hilaron*. La traducción del griego al latín de *Gloria in Excelsis Deo* se atribuye tradicionalmente a San Hilario de Poitiers (300-368). El himno latino utiliza así la palabra Excelsis para traducir la palabra griega ὑψίστοις "la más alta" (Lc 2:14).

Telésforo, un obispo de Roma que vivió aproximadamente entre el 125-136 d. C., hizo una declaración muy importante sobre esta Gran doxología. Según el testimonio de St. Ireneo (en sus escritos contra las herejías III. 3.3), afirma que este obispo sufrió un glorioso martirio. Eusebio, en Historia de la Iglesia (IV. 7, IV. 14) sitúa el comienzo de su ministerio como obispo en el reinado de Adriano (128-129), y su muerte en el primer año del reinado de Antonino Pío (138-139). Telésforo es mencionado como uno de los obispos romanos que siempre celebraban la Pascua el domingo, y estableció que se cantara el canto doxológico *Gloria in Excelsis Deo* en la mañana de cada Navidad.

Recordemos también, que con el advenimiento de Jesús, la historia se dividió en dos: antes de Cristo y después de Cristo. La era en que vivimos es considerada o llamada "después de Cristo". Fue y es tan importante la Natividad que nuestros años se cuentan a partir de ese magno acontecimiento. Por tanto, no es posible que a un evento tan transcendental e importante en la historia se le deje rodear de tanta incertidumbre, o ser opacado por los hombres de ciencias e incrédulos que niegan esta verdad. Los cristianos debemos alzar nuestras voces como lo hicieron los ángeles y declarar sin titubeos que en esta fecha Jesús nació en Belén. Luego, cuando declaramos esto, la historia de su nacimiento tiene sentido espiritual y trasmite una fuerza vital poderosa para todos aquellos que escuchan la historia.

El lugar del nacimiento del Rey

"Cuando Jesús nació en Belén de Judea en tiempos del rey Herodes, sucedió que llegaron a Jerusalén unos sabios del Oriente. Y preguntaron: ¿Dónde está el recién nacido Rey de los judíos? Porque hemos visto aparecer su estrella, y venimos a rendirle homenaje". Mateo 2:1-2. Fue en Belén donde nació Jesús. Belén era un pueblecito a unos ocho kilómetros al sur de Jerusalén. Antiguamente se había llamado Efrata (fructífera). El nombre completo en hebreo es Betléjem, que quiere decir casa de pan, pues Belén estaba situada en una región fértil, lo que justificaba su nombre. Sobre unas montañas de caliza gris, a más de ochocientos metros sobre el nivel del mar, tenía una cima a cada lado y entre las dos, un hondón como una silla de montar. Así que por su posición, Belén parecía un pueblo asentado en un anfiteatro rodeado de colinas.

Belén tiene una larga historia. Fue allí donde Jacob enterró a Raquel y erigió un pilar en su memoria junto a su tumba (Gn 48:7; 35:20). Fue allí donde vivió Rut después de casarse con Booz (Rt 1:22), y desde Belén, Rut podía ver la tierra de Moab, su antigua patria, al otro lado del valle del Jordán. Pero, sobre todo,

Belén fue el hogar y la ciudad de David (1 S 16:1; 17:12; 20:6); y era del agua del pozo de Belén de lo que David tenía tanta nostalgia cuando era un fugitivo perseguido por las colinas, lo que motivó una preciosa escena de lealtad y de piedad (2 S 23:14ss).

En tiempos posteriores, leemos que Jeroboam fortificó la ciudad de Belén (2 Cr 11:6); aunque en la historia de Israel y en las mentes del pueblo, Belén era supremamente la ciudad de David. Era de la dinastía de David de la que Dios haría venir al gran Libertador de Su pueblo. Como dijo el profeta Miqueas: "Pero tú, Belén Efrata, tan pequeña entre las familias de Judá, de ti ha de salir el que será Señor en Israel; sus orígenes se remontan al inicio de los tiempos, a los días de la eternidad" (5:2).

Era en Belén, la ciudad de David, donde los judíos esperaban que naciera el mayor Hijo del gran David; era allí donde esperaban que viniera al mundo el Ungido de Dios. Y así fue. La imagen del establo y del pesebre como el lugar del nacimiento de Jesús está grabada indeleblemente en nuestras mentes por las representaciones visuales que hemos visto. Justino Mártir, uno de los más grandes de los primeros padres, quien vivió hacia 150 d. C. y que procedía de un distrito cercano a Belén, nos dice que Jesús nació en una cueva cerca de la aldea (Justino Mártir, Diálogo con Trifón 78, 304). Las casas de Belén estaban construidas en la ladera de la montaña de piedra caliza y era muy corriente en aquel entonces el tener establos en forma de cuevas en la roca vaciada, por debajo de las casas mismas; y muy probablemente fue en un tipo de cueva-establo así donde nació Jesús.

Hasta hoy se exhibe en Belén una cueva como el lugar del nacimiento de Jesús, sobre la cual se ha construido la Iglesia de la Natividad. Desde hace mucho tiempo se muestra esta cueva como el lugar de su nacimiento. Ya era así en los días del emperador romano Adriano; porque este, en un deliberado intento de profanar el lugar, erigió un altar al dios pagano Adonis. Cuando el Imperio romano se cristianizó, a principios del siglo IV, Constantino, el primer emperador cristiano, construyó allí una gran iglesia que es la que aún puede verse, la cual posteriormente fue considerablemente reformada y restaurada.

H. V. Morton nos cuenta acerca de su visita a la Iglesia de la Natividad de Belén. Llegó a una gran muralla en la que "había una puerta tan baja que uno se tenía que encorvar para entrar; y al otro lado de la puerta, y al otro lado de la muralla, estaba la iglesia. Por debajo del altar mayor de la iglesia está la cueva, y cuando el peregrino desciende a ella se encuentra con una pequeña caverna de unos trece metros de largo por cuatro de ancho, alumbrada por lámparas de plata. En el suelo hay una estrella y alrededor de ella una inscripción latina: Aquí nació Jesucristo de la virgen María".

Cuando el Señor de la gloria vino a esta tierra nació en una cueva en la que se resguardaban los animales. La cueva sobre la cual se erigió la iglesia de la Natividad en Belén coincide con las características que describen los historiadores. Además, hay algo hermoso en el simbolismo de la iglesia en la que la puerta es tan baja que uno tiene que inclinarse para entrar, mostrándonos que es sumamente apropiado el que todos nos acerquemos a Jesús de rodillas.

Navidad: Dios Creador se hizo hombre y habitó entre nosotros

La celebración de la Navidad es vital porque celebra la historia y la doctrina más grande del universo: Dios Creador se hizo hombre y habitó entre nosotros. Lucas 2:8-20 es uno de los relatos más extraordinarios acerca de la Navidad. Fecha que nos recuerda no solo el nacimiento de nuestro Señor, sino también la encarnación de Dios, el Creador, quien se hizo hombre para estar entre nosotros. Esta es una de las doctrinas cardinales del cristianismo.

Por favor, no escuche doctrinas o enseñanzas que van en contra de la celebración de la Navidad o cumpleaños de nuestro Señor Jesucristo. Algunos piensan que no nació en Diciembre, otros añaden que fue una manipulación histórica para eliminar la celebración de un dios romano y por tanto, no puede conmemorarse el mismo día. Cualquiera que sea el argumento, en el fondo, el propósito es erradicar la memoria del nacimiento de nuestro Señor y Salvador. Debemos ser inteligentes para advertir la intención de dichos argumentos. Muchos ministros cristianos se han dejado convencer por ellos y han terminado no celebrando la Navidad; tampoco dan gracias a Dios por el nacimiento de Su Hijo en ese día ¡Que tristeza! El enemigo terminó cerrando sus bocas y les robó la oportunidad de ser bendecidos y de ser bendecidas sus congregaciones por tan poderoso mensaje que Dios dio al hombre. Tanto la fecha de Navidad como su mensaje tienen un significado poderoso. No podría ser cualquier otro día. Este asunto está aceptado en la historia y tiene un criterio de veracidad comprobable: Diciembre es la fecha más idónea; además, es comprobable por la historia, la biblia y la tradición. La gran mayoría de la humanidad celebra con entusiasmo esta fecha. Eso es un hecho.

Para nosotros, los cristianos, el objetivo fundamental debe ser aprovechar la Navidad para, con gratitud a Dios, presentar el plan de salvación a quienes no han tenido el privilegio de reconocer al Hijo como su Salvador. Aprendamos de la sabiduría de

Pablo demostrada en Atenas. Él actuó sabiamente al discernir un momento propicio y arengó a los atenienses sobre el "Dios desconocido". No les contradijo, no les llevó a confusión, no planteo hipótesis que invitarían a polémicas. Su mensaje fue cien por ciento positivo, y es lo que debemos hacer con esta fecha de Navidad. Pablo dijo: "a ese *Dios desconocido*, les presento". De igual forma, nosotros debemos usar la plataforma navideña para celebrar con alegría y enseñar el mensaje más poderoso del mundo. Para esto, debemos dejar por sentado que la Navidad es la fecha en que Dios se hizo hombre y habito entre nosotros; y proseguir con la importancia de este hecho (*Navidad es el poderoso mensaje a la humanidad*).

De hecho, personalmente creo que la estación más bella del año es la Navidad. Permítase con sabiduría y cordura los símbolos que hablan de tan hermosa fecha, permítase el árbol adornado con colores, el pesebre, la música, la comida tradicional, los regalos, la hospitalidad, la amistad. Permítase todo lo que inspira el ejemplo de Dios al darnos, sin merecerlo, lo mejor a nuestras vidas. En fin, que con gozo y agradecimiento al Padre por el nacimiento de Su Hijo no haya tristeza, ni soledad, ni depresión, ni vacío existencial, ni pensamientos fatídicos, ni falta de aceptación, de perdón, de mezquindad, de malos recuerdos; por el contrario, que se renueven nuestras fuerzas con tan poderoso mensaje lleno de esperanza. Que sea el momento cuando el amado Consolador, el Espíritu de Vida, es invocado para que fluya, ministrándonos. ¡Que viva la Navidad en todo su esplendor y colorido, porque nació el Redentor de la humanidad!

Con este artículo de carácter apologético, despejamos toda inseguridad relacionada al nacimiento de Jesús el cual es el milagro de milagros y la manifestación Divina más grande de la historia. Esto es la base para la doctrina de la encarnación. Por ende, no podemos permitir que esta sea cuestionada, minimizada, ni ridiculizada en ningún aspecto ni bajo ninguna circunstancia. La encarnación del Dios Viviente es la piedra angular del cristianismo. Debemos de tomar la plataforma que nos brinda la historia para anunciar al mundo la verdad de este poderoso mensaje sin permitir pensamientos debilitantes que socaven la fuerza del mismo al sembrar duda sobre la fecha del nacimiento de Jesús. No debemos permitir que se siembren misterios, desconfianza, o incertidumbre alrededor del mensaje más glorioso y sublime del evangelio. Los burladores, los que socavan la verdad y los creadores de polémicas sobre el nacimiento de Jesús son simplemente personas mal informadas (aunque algunas de ellas esta influenciadas por el espíritu del anti Cristo). Son unos pobres perdedores porque aunque logren convencer a unos pocos incautos con sus mentiras, cada año habremos millones y miles de millones celebrando el 25 de Diciembre la natividad a Nuestro buen Salvador.

Tomemos por sentado que Jesús nació en Diciembre, así como tomamos por sentado que Dios es real. En ninguna parte de la Escritura se pierde tiempo en demostrar el por qué Dios existe, o desde cuándo existe, o quién lo creó. Recordemos que en Génesis la narrativa comienza así: "En el principio creó Dios los cielos y la tierra". Es decir, la existencia de Dios se da siempre por sentado; debe ser así con la fecha de la Navidad, debe darse por sentado el 25 de Diciembre como día del nacimiento del Salvador de la humanidad. Imitemos la Escritura y vayamos al grano. En el mes de Diciembre digamos al mundo: "Dios se hizo hombre y expliquemos lo que esto significa." ¡Vayamos al grano! Esta fecha contiene sin lugar a dudas la historia más fehaciente y aporta la plataforma histórica más firme para enseñar la verdad central de Juan 3:16 *"Porque de tal manera amó Dios al mundo, que ha dado a su Hijo unigénito, para que todo aquel que en él cree, no se pierda, más tenga vida eterna"*.

Apéndice 1

Perspectiva general de los tiempos establecidos por Dios

Fiesta y Fecha/Tema/Escritura del Tanaj/Escritura del Nuevo Pacto/Acontecimiento Histórico/Acontecimiento Profético

SHABAT/EL SÁBADO
- Séptimo día de la semana (puesta del sol del viernes hasta la puesta del sol del Sábado)
- El descanso
- Éxodo 20:8–11
- Hebreos 4:9
- La creación del mundo
- El Eterno Reino Celestial de Dios

PÉSAJ/LA PASCUA Y HAG HAMATZOT
- 14 de Nisan—22 de Nisan (marzo/abril)
- La redención
- Éxodo 12:6–11
- 1 Corintios 5:7
- La libertad de la esclavitud en Egipto
- La Muerte del Mesías

SEFIRAT HAOMER/LA CUENTA DE LA OFRENDA DE GAVILLAS
- Empieza el 15 de Nisan/50 días hasta Shavuot (marzo/abril)
- La cosecha temprana de las primicias (Bikurim)
- Deuteronomio 16:9–12
- 1 Corintios 15:20
- La cosecha de cebada en Israel
- La Resurrección del Mesías (3er día)

SHAVUOT/LAS SEMANAS DEL PENTECOSTÉS

- Quincuagésimo (50º) día después de la Pascua/el 6 de Sivan (mayo/junio)
- La cosecha tardía de las primicias
- Deuteronomio 16:9–12
- Hechos 2:1–5, 41
- La cosecha de trigo en Israel
- El derramamiento del Espíritu Santo sobre la primera cosecha de nuevos creyentes judíos

ROSH HASHANÁ/EL AÑO NUEVO
- 1º de Tishri (septiembre/octubre)
- El arrepentimiento
- Joel 2:1
- 1 Tesalonicenses 4:13–18
- Reuniéndose para regresar a Dios
- El rapto/Recogimiento de los creyentes al Mesías

YOM KIPUR/EL DÍA DE LA EXPIACIÓN
- 10 de Tishri (septiembre/octubre)
- La expiación
- Levítico 16:29–30
- Romanos 11:25–27
- La expiación anual por los pecados de la nación israelita
- La salvación de la nación israelita en la segunda venida de Mesías

SUKOT/LOS TABERNÁCULOS
- 15 de Tishri—22 de Tishri (septiembre/octubre)
- La morada
- Zacarías 14:16
- Apocalipsis 21:1–4
- La morada de Dios con Israel en el desierto
- La morada de Dios con todos los creyentes durante los 1000 años del Reino Mesiánico terrenal

HANUKÁ/LA REDEDICACIÓN
- 25 de Kislev—2 de Tivet (noviembre/diciembre)

- La re dedicación
- Daniel 8:23–26
- Mateo 24:15–22
- La re dedicación del Templo en Jerusalén después de la victoria contra los griegos en 164 a. de C.
- La Batalla de la Gran Tribulación en el Israel de los últimos días

PURIM/LAS SUERTES
- 14 de Adar (febrero/marzo)
- La protección
- Ester 9:20–22
- Romanos 11:29
- La protección de los judíos en la antigua Persia en 450 a. de C.
- La fidelidad de Dios en cumplir Sus promesas

Apéndice 2

Referencias rabínicas adicionales a las fiestas judías
(B. = Talmud de Babilonia; J. = Talmud de Jerusalén/Palestino)

SHABAT/EL SÁBADO:

1) B. Bava Kama 2a = Con respecto al Shabat, hay 39 mandamientos avot/paternales e innumerables mandamientos toldot/descendientes.

2) B. Shabat 118a = Shabat es un día gozoso el cual incluye tres comidas festivas.

3) B. Taanit 27b = Es prohibido ayunar en Shabat.

4) B. Shabat 11a = Se debería honrar al Sábado con comida, vestido, y enfoque especial sobre asuntos espirituales.

5) Éxodo Rabá 25:12 = "Sí Israel guarda un Sábado tal cómo se debería guardar, vendrá el Mesías."

6) Maimónides, Guía, 2 = Cada semana, Shabat enseña la verdad que Dios creó el mundo.

PÉSAJ/LA PASCUA Y HAG HAMATZOT/LOS PANES SIN LEVADURA:

B Talmud de Babilonia

B Talmud de Babilonia

B Talmud de Babilonia

B Talmud de Babilonia

1) J. Pésajim 10:1 = Aun el hombre más pobre no puede comer la cena de la Pascua sin reclinarse.

2) J. Pésajim 10:3 = Se debe usar la agua salada o el rábano picante para la sumersión durante el Séder.

3) J. Pésajim 5:7 = Se debe recitar los Salmos 115–118 al final de la cena porque en la época del Templo estos se cantaban durante la ofrenda del cordero pascual.

4) J. Pésajim 10:5 = "Uno se debe considerar como sí uno mismo hubiera salido de Egipto."

5) J. Pésajim 35a = Se considera que el jametz (la levadura) se encuentra en cinco tipos de granos: el trigo, la cebada, la espelta, el centeno, y la avena. La tradición askenazí (europea) posterior añadió el arroz, el mijo, el maíz, y las legumbres.

6) J. Pésajim 115b = La matzá del medio la cual es partida se llama el "pan de la aflicción."

SEFIRAT HAOMER/LA OFRENDA DE LAS GAVILLAS:

J Talmud de Jerusalén/Palestino

J Talmud de Jerusalén/Palestino

J Talmud de Jerusalén/Palestino

J Talmud de Jerusalén/Palestino

J Talmud de Jerusalén/Palestino

J Talmud de Jerusalén/Palestino

Apéndice 2

1) B. Yevamot 62b = El periodo de 49 días de la Sefirá (cuenta) es un tiempo de tristeza regresando a algunas tragedias de la Segunda Revuelta Judía contra Roma (132–135 d. C.). En términos prácticos, esto se ha llegado a entender que se prohíben matrimonios, al igual que los cortes de cabello y el uso de instrumentos musicales, durante este tiempo.

2) B. Yevamot 140 = El tiempo de medio-luto se levanta por el día de Lag BeOmer (el día 33) porque éste fue el día que una plaga se levantó del ejército judío de la revuelta.

3) J. Bikurim 1:3 = Durante los 49 días, la ofrenda de las Primicias debían ser de siete tipos de frutas de la Tierra Santa: la cebada, el trigo, las uvas, los higos, las granadas, el aceite de oliva y la miel de dátiles.

4) J. Bikurim 3:3 = En la época del Templo, un gran procesional de alabadores marcharían dentro de Jerusalén a presentar sus Primicias acompañados por canto y música.

5) J. Bikurim 3:6 = El sacerdote menearía la canasta de cebada en el aire mientras pronunciaba las bendiciones.

SHAVUOT/EL DÍA DE PENTECOSTÉS:

B Talmud de Babilonia

B Talmud de Babilonia

J Talmud de Jerusalén/Palestino

J Talmud de Jerusalén/Palestino

J Talmud de Jerusalén/Palestino

1) B. Shabat 86b = Los rabinos interpretaron que este era justo el día de la dádiva de los Diez Mandamientos en el Monte Sinaí.

2) Éxodo Rabá 29:9 = "Cuando Dios dio la Torá, ningún pájaro cantó ni voló, ningún buey bramó, los ángeles no volaron, los Sefarim cesaron de decir, 'Santo, Santo'; el mar estaba en calma, ninguna criatura habló; el mundo estaba callado y aún la voz divina dijo: 'Yo soy el Señor tu Dios.' "

3) J. Rosh HaShaná 1:2 = Se acostumbra decorar la sinagoga con follaje y flores como el Monte Sinaí en la primavera y también porque Shavuot es el día de juicio para los árboles.

4) Maimónides, Yad, Shevitat Yom Tov, 6:18 = "Mientras uno come y toma, es su obligación darle de comer al extranjero, el huérfano, a la viuda, y otros pobres" y sí no, no cuenta como regocijo verdadero.

5) Éxodo Rabá 27:9 = La Torá se les ofreció primero a las naciones gentiles pero rehusaron aceptarla. Israel tiene bendición y responsabilidad adicional por aceptar la llamada de la Torá.

ROSH HASHANÁ/EL AÑO NUEVO:

1) Pirke De-Rabíno Eliezer, 46 = Los 40 días desde el comienzo del mes de Elul hasta el Día de la Expiación es un tiempo de gran solemnidad y examen introspectivo.

2) Tosefta, Rosh HaShaná 1:12 = "Todos son juzgados en Rosh Hashaná y el veredicto es sellado en Yom Kipur."

B Talmud de Babilonia

J Talmud de Jerusalén/Palestino

3) B. Rosh HaShaná 16b = "Tres libros se abren en Rosh Hashaná, uno para los totalmente malos, uno para los perfectamente rectos y uno para los intermediaros."

4) B. Rosh HaShaná 11a = La creación del mundo se terminó el primero de Tishri.

5) B. Rosh HaShaná 26b = El shofar es doblado o encorvado en forma para simbolizar el espíritu humilde apropiado en el día santo.

6) Midrash Ma'ase Daniel, 225 = "Mesías hijo de David, Elías y Zorobabel, la paz este sobre él, ascenderán el Monte de los Olivos. Y Mesías mandará a Elías que suene el shofar...y hará que los muertos se levanten. Todos vendrán al Mesías de los cuatro ángulos de la tierra."

YOM KIPUR/EL DÍA DE LA EXPIACIÓN:

1) B. Rosh HaShaná 11a = "Israel será redimido en el mes de Tishri."

2) B. Sanedrín 97b = "El mundo perdurará no menos de ochenta y cinco ciclos de Jubileo y en el último ciclo de Jubileo el Mesías, el Hijo de David, vendrá." *Nota: El Año de Jubileo siempre cae en Yom Kipur (Levítico 25:9–10).

B Talmud de Babilonia

B Talmud de Babilonia

B Talmud de Babilonia

B Talmud de Babilonia

B Talmud de Babilonia

3) B. Yoma 11 a = Para cumplir la definición rabínica de "afligirse", se es prohibido comer, tomar, bañarse, ungirse, usar el cuero y tener relaciones conyugales.

4) Maimónides, Hil. Shevitat Asor 2:9 = Aquellos que estén enfermos, embarazadas o de otra manera débiles están exentos del ayuno en Yom Kipur.

5) Mishná Berurá 4 = Puesto que Yom Kipur es tan sagrado, es el único culto durante el año donde se usa un talit/ manto de oraciones en la noche.

6) B. Yoma 39b = "Nuestro Rabinos enseñaron: Durante los cuarenta años posteriores antes de la destrucción del Templo (30 d. C.), la suerte para el Señor no salió en la mano derecha; ni tampoco se hizo blanca la faja carmesí (cfr. los cabríos relatados en Levítico 16).

SUKOT/LOS TABERNÁCULOS:

1) Levítico Rabá 30:12 = Las cuatro especies de fruta usadas para Sukot (el etrog, el lulav, el mirto, el sauce) son simbólicos de las cuatro tipos de personas (los estudiosos con buenas acciones, los estudiosos sin buenas acciones, las buenas acciones sin el estudio, y sin buenas acciones ni estudios).

2) B. Suká 52b = Los sacrificios de los 70 bueyes de la Torá (Números 29:13ff) representan las 70 naciones del mundo. Así, Sukot debe ser un día de fiesta internacional en el Reino Mesiánico.

B Talmud de Babilonia

B Talmud de Babilonia

B Talmud de Babilonia

3) B. Suká 37b = Debemos menear el lulav y el etrog a los cuatro puntos del compás más arriba y abajo para simbolizar el dominio omnipresente de Dios.

4) B. Suká 55a = Mientras el sacerdote derramaba el agua sobre el altar en Sukot, se consideraba un retrato profético del día cuando el Espíritu Santo sería derramado sobre Israel (cfr. Isaías 12:3).

5) J. Suká 5:1 ="Cualquiera que no haya visto el retiro del agua en Sukot no ha sido testigo al gozo real en su vida."

HANUKÁ/LA REDEDICACIÓN:

1) B. Shabat 21b = Hanuká es la celebración del milagro del aceite el cual duró por ocho días mientras se re dedicaba el Templo en 164 a. de C.

2) B. Shabat 24a = La Menorá se debe colocar donde es claramente visible afuera de la casa para proclamar el milagro al público.

3) Shuljan Arúj, Oraj Jayim 673:1 = Se debe usar una vela shamash/ sirviente para alumbrar a las otras ocho velas de la fiesta.

B Talmud de Babilonia

B Talmud de Babilonia

J Talmud de Jerusalén/Palestino

B Talmud de Babilonia

B Talmud de Babilonia

4) Maimónides, Yad, Va-Hanuká 4:12 = "Aun el que saca su sustento de la caridad, debe prestar o vender su manto para comprar aceite y una menorá para encender en Hanuká."

PURIM/LAS SUERTES:

1) B. Meguilá 14a = Las leyes con respecto al Festival de Purim son directamente de Dios aunque llegaron mucho después que la Torá haya sido pronunciada a Moisés.

2) B. Meguilá 4a = Se acostumbra leer el rollo (meguilá) de Ester entero en el servicio anual de la sinagoga para Purim.

3) B. Meguilá 16b = Es la práctica del lector de la meguilá leer los nombres de los diez hijos de Amán en una sola exhalación para no regodearse en la derrota de nuestros enemigos.

4) B. Berajot 54a = Es una tradición pronunciar oraciones especiales de acción de gracias cuando uno escapa de una situación peligrosa basado en el milagro de Purim.

B Talmud de Babilonia

B Talmud de Babilonia

B Talmud de Babilonia

B Talmud de Babilonia

Apéndice 3

Las lecturas tradicionales de la sinagoga para los Días Sagrados más Lecturas sugeridas del Nuevo Pacto (Nota: La Meguilá es el rollo adicional leído.)

Shabat/El Sábado: El ciclo semanal de Parashá (Génesis-Deuteronomio más las lecturas seleccionadas de los Profetas), el cual se encuentra en los calendarios judíos. El calendario de Messianic Jewish Publishers también incluye lecturas del Nuevo Pacto.

Pésaj/La Pascua: (Primer Día) Torá = Éxodo 12:21–51; Números 28:16–25
Haftorá = Josué 5:2–6:1
Nuevo Pacto = Lucas 22:7–20
Meguilá = Cantar de los Cantares
(Segundo Día) Torá = Levítico 22:26–23:44; Números 28:16–25
Haftorá = 2 Reyes 23:1–9, 21–25
Nuevo Pacto = 1 Corintios 15:20–28

Shavuot/El Día de Pentecostés: (Primer Día) Torá = Éxodo 19:1–20:26; Números 28:26–31
Haftorá = Ezequiel 1:1–28; 3:12
Nuevo Pacto = Hechos 2:1–21, 37–41
Meguilá = Libro de Rut

(Segundo Día) Torá = Deuteronomio 14:22–16:17; Números 28:26–31
Haftorá = Habacuc 2:20–3:19
Nuevo Pacto = Santiago 1:12–18

Rosh HaShaná/El Año Nuevo: (Primer Día) Torá = Génesis 21:1–34; Números 29:1–6
Haftorá = 1 Samuel 1:1–2:10

Nuevo Pacto = 1 Tesalonicenses 4:13–18

(Segundo Día) Torá = Génesis 21:1–24; Números 29:1–6
Haftorá = Jeremías 31:1–9
Nuevo Pacto = Mateo 24:21–31

Yom Kipur/El Día de la Expiación: Torá = Levítico 16:1–34; Números 29:7–11
Haftorá = Isaías 57:14–58:14
Nuevo Pacto = Romanos 3:21–26

Sukot/Los Tabernáculos: (Primer Día) Torá = Levítico 22:26–23:43; Números 29:12–16
Haftorá = Zacarías 14:1–21
Meguilá = Libro de Eclesiastés
Nuevo Pacto = Apocalipsis 21:1–4

(Segundo Día) Torá = Números 29:17–19 Haftorá = 1 Reyes 8:2–21
Nuevo Pacto = Juan 1:1–14

Hanuká/La Rededicación: (En Shabat) Torá = Parashá para la semana
Haftorá = Zacarías 2:13–4:7
Nuevo Pacto = Juan 10:22–30

Purim/Las Suertes: Torá = Éxodo 17:8–16 Meguilá = Libro de Ester
Nuevo Pacto = Romanos 11:25–36

Bibliografía

Birnbaum, Philip. *A Book of Jewish Concepts*. New York: Hebrew
  Publishing Company, 1975.
Barney Kasdan, Los Tiempos Establecidos Por Dios: Una Guía
  Práctica Para Entender Y Celebrar Las Fiestas Bíblicas, Prime-
  ra Edición. (Clarksville, MD: Messianic Jewish Publishers,
  1993), 157–175.
———. ed. *Maimonides Code of Law and Ethics: Mishneh Torah*.
  New York: Hebrew Publishing Company, 1974.
Buxbaum, Yitzhak. *Jewish Spiritual Practices*. Northvale: N.J.
  Jason Aronson Inc., 1994.
Central Conference of American Rabbis. *Rabbi's Manual* Phila-
  delphia: Maurice Jacobs, Inc., 1961.
Cohen, A. *The Five Megilloth*. New York: Soncino Press, 1983.
Cohn, Haim. *The Trial and Death of Jesus*. New York: Ktav
  Publishing House, 1977.
Connolly, Peter. *Living in the Time of Jesus of Nazareth*. Tel Aviv:
  Steimatzky Ltd., 1988.
Davies, W.D. *Paul and Rabbinic Judaism*. Philadelphia: Fortress
  Press, 1980.
Donin, Hayim Halevy. *To Be a Jew*. New York: Basic Books, 1972.
Edersheim, Alfred. *The Life and Times of Jesus the Messiah*.
  Grand Rapids: Eerdmans Publishing, 1984.
———. *Sketches of Jewish Social Life in the Days of Christ*. Grand
  Rapids: Eerdmans Publishing, 1978.
Encyclopedia Judaica. Jerusalem: Keter Publishing House, 1972.
Epstein, Isidore, ed. *Hebrew-English Edition of the Babylonian
  Talmud*. London: The Soncino Press, 1960.
Fischer, John. *Messianic Services for the Festivals & Holy Days*.
  Palm Harbor, Fla.: Menorah Ministries, 1992.
Fischer, John, and David Bronstein. *Siddur for Messianic Jews*.
  Palm Harbor, Fla.: Menorah Ministries, 1988.

Flusser, David. *Jewish Sources in Early Christianity*. Tel Aviv: MOD Books, 1989.

Freedman, H., and Maurice Simon. *The Midrash Rabbah: Exodus Rabbah*. London: The Soncino Press, 1977.

Fruchtenbaum, Arnold. *Hebrew Christianity: Its Theology, History and Philosophy*. San Antonio: Ariel Press, 1983.

———. *Israelology: The Missing Link in Systematic Theology*. Tustin, Calif.: Ariel Ministries Press, 1993.

Goldberg, Louis. *Our Jewish Friends*. Neptune, N.J.: Loizeaux Brothers, 1984.

Gower, Ralph. *The New Manners and Customs of Bible Times*. Chicago: Moody, 1987.

Greenberg, Jeremiah. *Messianic Wedding Ceremony*. Tape. Odessa, Fla.: Messianic Liturgical Resources, 1995.

Hilton, Michael, and Gordian Marshall. *The Gospels & Rabbinic Judaism*. Hoboken, N.J.: Ktav Publishing House, 1988.

Juster, Daniel. *Jewish Roots*. Gaithersburg, Md.: Davar, 1986.

Kasdan, Barney. *God's Appointed Times*. Baltimore: Lederer Messianic Publications, 1993.

Kesher—A Journal on Messianic Judaism 1 (July 1994).

Klausner, Joseph. *Jesus of Nazareth*. New York: Menorah Publishing Company, 1979.

Klein, Isaac. *A Guide to Jewish Religious Practice*. New York: The Jewish Theological Seminary Of America, 1979.

Lachs, Samuel Tobias. *A Rabbinic Commentary on the New Testament*. Hoboken, N.J.: Ktav Publishing House, 1987.

Lamm, Maurice. The Jewish Way in Death and Mourning. New York: Jonathan David Publishers, 1969.

Lash, Neil and Jamie. *The Jewish Wedding*. Tape. Fort Lauderdale: Love Song to the Messiah, 1990.

Neusner, Jacob, ed. *The Talmud of the Land of Israel* (Jerusalem Talmud]. Chicago: The University of Chicago Press, 1982.

Olitzky, Kerry and Ronald Isaacs. *The How to Handbook for Jewish Living*. Hoboken, N.J.: Ktav, 1993.

———. *The Second How to Handbook for Jewish Living*. Hoboken, N.J.: Ktav, 1996.

Patai, Raphael. *The Messiah Texts*. New York: Avon Books, 1979.

Ausubel, Nathan, The Book of Jewish Knowledge (New York: Crown Publishers, 1964).

Boman, Thorlief, Hebrew Thought Compared with Greek (Philadelphia: The Westminster Press, 1960).

Brasch, Rudolph, The Judaic Heritage (New York: David McKay Co., 1969).

Buber, Martin, ed., Tanhuma, in Jewish Encyclopedia: A Descriptive Record of the History, Religion, Literature, and

Customs of the Jewish People from the Earliest Times to the Present Day, ed. Isidore Singer, New York, 1901).

Friedman, Jerome, The Most Ancient Testimony (Athens, Ohio: Ohio University Press, 1983).

Friedman, Paul, "On the Universality of Symbols," Religions in Antiquity, ed. Jacob Neusner.

Goodenough, Edwin R., Jewish Symbols in the Greco-Roman Period (New York: Pantheon Books, 1956).

Greenhill, E.S., "The Child in the Tree: A Study of the Cosmological Tree in Christian Tradition," Traditio, x (1964).

Hareuveni, Nogah, Nature in Our Biblical Heritage, quoted in Israel, the Covenant, and the Church (Pittsburgh: Bethel Assembly of Pittsburgh, 1999).

Hirsch, S. R., Selected Writings, pp. 209-235, quoted at the Website: http://members.tripod.com/~TheHOPE/menorah2.htm,.

Kitov, Eliyahu, The Book of Our Heritage (Jerusalem: Feldheim Publishers, 1968).

Langer, Suzanne, Philosophy in a New Key (Cambridge: Harvard University Press, 1957).

Levine, Lee I., The Ancient Synagogue (New Haven: Yale University Press, 2000).

MacIver, R. M., "Signs and Symbols," Journal of Religious Thought, X (1953).

Meyers, Carol L., The Tabernacle Menorah (Missoula, Montana: Scholars Press, 1976).

Philo, The Decalogue, F. Colson, trans., Philo (Cambridge, Harvard University Press, 1968).

Prinz, Hirsch, The Great Mystery: How Can Three Be One (Cincinnati: M.L.O.).

Rankin, O. S., The Origins of the Festival of Hanukkah (Edinburg: T. T. Clark, 1930).

Sholem, Gershom, "The Curious History of the Six-pointed Star," Commentary, VIII (1949).

Sperber, Daniel, "History of the Menorah," The Journal of Jewish Studies, XVI, Nos. 3, 4, 1965.

Wilson, Marvin R., Our Father Abraham: Jewish Roots of the Christian Faith (Grand Rapids: Wm. B. Eerdmans Publishing Company, 1989).

Wirgin, W., "The Menorah as Symbol of Judaism," Israel Exploration Journal, 14, 1964.

Yarden, L., The Tree of Light (Ithaca, New York: Cornell University Press, 1971).

Esta publicación ha sido posible   gracias a

MOEDIM MINISTRIES AND ACADEMIC ASSOCIATION, INC.

Oficinas en los Estados Unidos

Hidalgo, Texas

Escriba a: P.O. Box 3468

McAllen, Texas 78502, USA.

Email: alv36588@oru.edu

Visítenos en nuestra página web: http://moedim.com

También en: www.Facebook.com/moedimministries

Oración para recibir a Cristo como Salvador personal

Si desea recibir a Cristo como su único y suficiente salvador y comenzar una nueva vida, repita esta oración con fe y en voz alta:

"Hoy vengo ante ti, Dios Creador, en el Nombre de Jesús. Tu Palabra dice que todo el que invoque el nombre del Señor será salvo (Romanos 10:13). Creo en mi corazón y confieso que Jesús es el Señor y te pido perdón por mis pecados. Amén".

La Menora

Para más información, ofrendas, preguntas y sugerencias escriba a:

Moedim Ministries and Academic Association, Inc.

P.O. Box 3468

McAllen, Texas 78502

USA

o

Email: alv36588@oru.edu

Viste a: http://moedim.com

También en: www.Facebook.com/moedimministries

Oración para recibir a Cristo como Salvador personal

Acerca del Autor

El Dr. Henry Álvarez nació en Venezuela y es el segundo hijo de Ramón V. Álvarez y Lesbia M. de Álvarez. Durante los veranos de 1983 a 1985, asistió a la Instituto Bíblico Central de las Asambleas de Dios en Barquisimeto. En 1987, se graduó de la Universidad de Zulia, Venezuela, obteniendo un título profesional en medicina, Doctor en Medicina, equivalente internacional certificado por World Education Services, Inc. En 1999 se graduó en la Escuela de Evangelización, JSM, en Crowley, Texas. En el 2005 ingresó a la Universidad Oral Roberts, donde estudio: Master of Divinity, Master of Arts en Literatura Bíblica (Concentración Literatura) y Master of Arts en Consejería Cristiana (Concentración en Terapia Familiar y Matrimonial); además tiene un doctorado en educación (E.d.D.) y un doctorado en teología pastoral (P.h.D).

Desde 1991 ha estado en el ministerio a tiempo completo y ha fungido en diferentes lugares como misionero, pastor, maestro de la Palabra, evangelista, conferencista, y es mentor de pastores y líderes en diferentes países. En 1987 fue ordenado al ministerio del Evangelio en Venezuela. Desde1997 mantiene credenciales de ordenación como pastor y ministro ordenado del Evangelio por medio de Faith Christian Fellowship International Church, Inc., en Tulsa, Oklahoma, y en Toronto, Canadá es ordenado por medio de la Asociación Evangélica para la Educación y Evangelismo. Actualmente es presidente y fundador de "Moedim Ministries and Academic Association, Inc" y presidente y fundador de la Universidad Cristiana Internacional "El Shaddai" en USA.

Made in the USA
Columbia, SC
10 November 2021

48693512R00100